元号《げんごう》でたどる日本史

グループSKIT 編著

PHP文庫

○本表紙図柄＝ロゼッタ・ストーン（大英博物館蔵）
○本表紙デザイン＋紋章＝上田晃郷

正治（1199〜1201）……146
建仁（1201〜1204）……147
元久（1204〜1206）……148
建永（1206〜1207）……149
承元（1207〜1211）……150
建暦（1211〜1214）……151
建保（1214〜1219）……152
承久（1219〜1222）……153
貞応（1222〜1224）……155
元仁（1224〜1225）……156
嘉禄（1225〜1228）……157
安貞（1228〜1229）……158
寛喜（1229〜1232）……159
貞永（1232〜1233）……160
天福（1233〜1234）……161
文暦（1234〜1235）……162
嘉禎（1235〜1238）……163
暦仁（1238〜1239）……164
延応（1239〜1240）……165
仁治（1240〜1243）……166

寛元（1243〜1247）……167
宝治（1247〜1249）……168
建長（1249〜1256）……170
康元（1256〜1257）……171
正嘉（1257〜1259）……172
正元（1259〜1260）……173
文応（1260〜1261）……174
弘長（1261〜1264）……175
文永（1264〜1275）……176
建治（1275〜1278）……178
弘安（1278〜1288）……179
正応（1288〜1293）……181
永仁（1293〜1299）……182
正安（1299〜1302）……183
乾元（1302〜1303）……184
嘉元（1303〜1307）……185
徳治（1307〜1308）……186
延慶（1308〜1311）……187
応長（1311〜1312）……188
正和（1312〜1317）……189

元号《げんごう》でたどる日本史◆目次

が、江戸時代には「寛」の字が目立つようになる。平安時代には天皇の世が長く続くようにとの思いが込められ、鎌倉時代に武家の世になると国の建て直しを望み、戦国の世が乱れ、争いの多かった室町時代には、秩序を正し、武ではなく文を求め、戦国の世が終わった江戸時代には、互いを許す寛容さを必要としたのかもしれない。

最後になるが、元号というのは、年を数えたり、記録するための紀年法《きねんほう》のひとつである。西暦やイスラム暦も紀年法の一種だが、それらとの最大の違いは、元号が有限であるということだ。西暦やイスラム暦では無限に年が増えていくのに対し、元号は改元によって、ふたたび1(元年)に戻るシステムとなっている。

そして、皇帝や天皇といった支配者が、ある時代に名前をつけるということは、その支配者が領土という空間だけでなく、時間をも支配することを意味している。西暦やイスラム暦の下では、どんな権力者といえども時間までは支配できない。

だからこそ、日本では長い間、元号を決めるという行為は朝廷の神聖なる専任事項であり、鎌倉時代以降、室町、江戸と武家が実権を握った時代においては、それぞれの幕府が元号決定の権利を得ようと、朝廷と激しいつばぜり合いをした。それほど、元号というのは日本の歴史にとって大きなものなのだ。

本書によって、日本史への理解を一層深めていただけたなら幸いである。

昌泰（898〜901）……61
延喜（901〜923）……62
延長（923〜931）……64
承平（931〜938）……65
天慶（938〜947）……66
天暦（947〜957）……68
天徳（957〜961）……69
応和（961〜964）……70
康保（964〜968）……71
安和（968〜970）……72
天禄（970〜974）……73
天延（974〜976）……74
貞元（976〜978）……75
天元（978〜983）……76
永観（983〜985）……77
寛和（985〜987）……78
永延（987〜989）……79
永祚（989〜990）……80
正暦（990〜995）……81
長徳（995〜999）……82
長保（999〜1004）……83
寛弘（1004〜1013）……84
長和（1013〜1017）……85
寛仁（1017〜1021）……86
治安（1021〜1024）……87
万寿（1024〜1028）……88
長元（1028〜1037）……89
長暦（1037〜1040）……90
長久（1040〜1044）……91
寛徳（1044〜1046）……92
永承（1046〜1053）……93
天喜（1053〜1058）……95
康平（1058〜1065）……96
治暦（1065〜1069）……97
延久（1069〜1074）……98
承保（1074〜1077）……99
承暦（1077〜1081）……100
永保（1081〜1084）……101
応徳（1084〜1087）……102
寛治（1087〜1095）……103

以前の元号の決め方は、まず改元の日取りが決定されると、式部大輔《しきぶたいふ》や文章博士《もんじょうはかせ》といった礼式や中国の古典に詳しい朝廷の役職者数名に元号勘者《かんじゃ》の命《めい》が下る。この命を受けた式部大輔や文章博士は、古典にあたり、相応《ふさわ》しいと思われる元号案を出典を付して勘申《かんじん》（上申）。その後、朝廷内において評議を行い、一番優《すぐ》れていると思われるものが新元号として選ばれる。この儀式のことを「難陳《なんちん》の儀」といい、最終的に選ばれた元号を勘申した者が勘申者とされる。近代国家となった明治以降は選定方法が多少変わったが、基本的には政府が有識者に元号案を出してもらい、評議によって決めることに変わりはない。

このように、元号については知られていないことも多いのだ。そこで本書では、約1400年前の「大化」から始まり、現在の「平成」に至るまで、長い年月、我が国で使われ続けてきた元号をすべて網羅《もうら》し、改元の理由、出典の書名ともととなった一文、および勘申者を紹介している。さらに、その元号が使われていた期間に起きた日本の歴史上の重要な出来事、ことに名称に元号がついている事件や戦争、災害などについても詳しく解説している。

ちなみに、本書では各元号の期間や歴史的事件を西暦でも示しているが、西暦は天正10（1582）年にユリウス暦からグレゴリオ暦に切り替わっている。そのため、本書で使用している西暦の日付も、それに合わせてある。

紀元前140年に中国で誕生した元号制度

ところで、元号というのは日本独自の制度ではない。そもそもは中国発祥の制度である。初めて中国で元号が使われたのは紀元前140年ごろ、前漢《ぜんかん》の第7代皇帝だった武帝《ぶてい》の治世下だ。このとき定められた「建元《けんげん》」が、世界で最初の元号となった。ちなみに、「一世一元の制」は中国においても比較的新しいもので、1368年に建国された明《みん》の最初の元号「洪武《こうぶ》」以降のことである。

ともあれ、「建元」以後、中国の歴代王朝にこの元号制度は引き継がれていき、さらに、日本や朝鮮半島の諸国家、ベトナム、琉球《りゅうきゅう》、南詔《なんしょう》、渤海《ぼっかい》など、中国文化の影響を強く受けた各地でも元号が使用されるようになっていった。それぞれの国では、そのときの中国の元号がそのまま使用されることもあったし、独自の元号を使うこともあった。これは、各時代や地域ごとの中国との力関係による。

日本は江戸時代の「元和《げんな》」を除き、すべて独自の元号を使用してきた歴史を持っている。その「元和」も、同時代の中国（明）で使われていた元号を使ったわけではなく、800年以上も前の唐《とう》の時代に使われたものを改めて採用している。

このようにアジアの広い地域で使われてきた元号だが、20世紀初頭に各国で相次いで使われなくなり、現在、元号制度が残っている国は日本だけだ。そういう意味では、もはや元号は日本独特の文化といってもいいのかもしれない。

日本の元号の出典となっている9つの古典「四書五経」について

日本の元号の大半が中国の古典から採られているのは、いまみてきたように、元号制度そのものが中国発祥のものだからである。その中国の古典のなかでも、とくに四書五経《ししょごきょう》と呼ばれる9つの古典のなかから元号が選ばれることが多い。

四書五経とは、紀元前6世紀ごろの中国の思想家である孔子《こうし》を開祖とする儒教の文献のなかでも、とくに重要とされるもののことだ。四書五経の定義は時代によっても違うが、ここでは概要を解説する。まず四書から紹介しよう。

・『大学』――儒者にとっての基本綱領が細かく記されている書物。孔子の弟子《でし》・曾参《そうしん》が書いたものとも、後世の儒者が書いたものともいわれる。もとは、『礼《らい》記《き》』という書物のなかの一篇を独立させたもの。

・『中庸《ちゅうよう》』――儒教において大切とされる「中庸（偏らないこと）」の思想について説い

ている書物。また、「道」や「誠」といった概念も説いている。こちらも、もとは『礼記』のなかの一篇。

・『論語』――孔子と弟子たちの言行を、のちに孔子の弟子たちがまとめたもの。「仁」や「義」、「礼」といった儒教の教えを説いている。

・『孟子《もうし》』――孔子の死より100年ほどあとの儒者である孟子と、その弟子たちの言行録。性善説と仁義による王道政治を説いている。

次に、五経を紹介する。

・『詩経』――周《しゅう》(紀元前1027～紀元前249年)の時代に成立したとされる中国最古の詩篇。『周詩』とも呼ばれている。また、『毛詩《もうし》』ともいう。

・『書経』――中国最古の歴史書。神話時代から周王朝ぐらいまでの王の言葉を中心にして、政治のあるべき姿を学ぶ書となっている。『尚書《しょうしょ》』とも呼ばれている。

・『礼経』――社会秩序を維持するための道徳概念である「礼」について記された書物。紀元前3世紀の秦《しん》の時代に礼に関する書物の多くが失われたため、現在『礼経』といったときは、礼を説いた様々な文献をまとめた『礼記』を指すことが多い。

・『易経《えききょう》』――神話上の皇帝である伏羲《ふっき》が書いたとされる占いの書。世界の成り立ちについても説いている。『周易《しゅうえき》』とも、たんに『易』ともいう。

・『春秋経《しゅんじゅう》』――紀元前8世紀から紀元前5世紀にかけての中国春秋時代を扱った歴史書。『春秋』ともいう。ただ、『春秋』そのものは現存しておらず、『春秋左《さ》氏伝《しでん》』などの注釈書のみ伝えられている。

この五経のほかに、音楽について記されていたとされている『楽経《がくけい》』も含めて六《りく》経《けい》と呼ばれることもあるが、『楽経』は早くに失われてしまい、残っていない。

儒教においては、この四書五経にも序列があり、「五経を以《もっ》て四書よりも高しとする」という言葉がある。つまり、五経のほうが四書よりも大切だという意味だ。理由は、五経はすべて孔子が生まれる前よりも古い時代から存在する書物であり、孔子自身も、これらを読んで学んだからである。これに対して四書は、後代の孔子の弟子たちがまとめた書物だ。ただ、儒教では現在伝わる五経にも孔子の手が加わっているとしている。日本の元号は四書五経以外の中国の古典を典拠とすることもあるが、やはり四書五経のほうが格上と見なされているようだ。

「平成」の典拠には、先に挙げた『書経』の「地平天成」の他に、紀元前1世紀ごろの前漢の時代に書かれた歴史書『史記《しき》』のなかの一文「内平外成《ないへいがいせい》」も挙げられている。これに対して、「平成」に決まった当初、四書五経のひとつである『書経』のみを典拠とするべきだという批判が一部の有識者から寄せられたこともあった。もっとも、『史記』は元号の出典として10回以上使用されている。

日本の元号で一番多く使われた漢字

中国の古典から元号を採る際、当然ながら、縁起が良いとされる漢字の組み合わせによって元号がつくられる。そのため、使える漢字の種類は限られてくる。

これまで日本で元号に採用された漢字のなかで、一番多く使われているのは、「永」の29回だ。次が「元」と「天」の27回、以下「治」の21回、「応」の20回、「正」「長」「文」「和」の19回となっている。余談だが、「平成」の「成」の字が使われたのは、日本の元号の歴史上、初めてのことであった。

また、使われる漢字には時代によって流行があり、平安時代には「永」と「長」が多く、鎌倉時代になると「建」と「元」の字が増え、室町時代には「正」と「文」

室町時代……231

応永（1394〜1428）……232
正長（1428〜1429）……234
永享（1429〜1441）……236
嘉吉（1441〜1444）……238
文安（1444〜1449）……240
宝徳（1449〜1452）……241
享徳（1452〜1455）……242
康正（1455〜1457）……243
長禄（1457〜1461）……244
寛正（1461〜1466）……245
文正（1466〜1467）……246

戦国・安土桃山時代……247

応仁（1467〜1469）……248
文明（1469〜1487）……250
長享（1487〜1489）……251
延徳（1489〜1492）……252
明応（1492〜1501）……253
文亀（1501〜1504）……254
永正（1504〜1521）……255
大永（1521〜1528）……256
享禄（1528〜1532）……257
天文（1532〜1555）……258
弘治（1555〜1558）……259
永禄（1558〜1570）……260
元亀（1570〜1573）……261
天正（1573〜1593）……262
文禄（1593〜1596）……266
慶長（1596〜1615）……268
◉最長年号と最短年号……270

江戸時代……271

元和（1615〜1624）……272
寛永（1624〜1645）……273
正保（1645〜1648）……275
慶安（1648〜1652）……276
承応（1652〜1655）……278
明暦（1655〜1658）……279

万治（1658～1661）……281
寛文（1661～1673）……282
延宝（1673～1681）……283
天和（1681～1684）……284
貞享（1684～1688）……285
元禄（1688～1704）……286
宝永（1704～1711）……288
正徳（1711～1716）……289
享保（1716～1736）……291
元文（1736～1741）……293
寛保（1741～1744）……294
延享（1744～1748）……295
寛延（1748～1751）……296
宝暦（1751～1764）……297
明和（1764～1772）……299
安永（1772～1781）……300
天明（1781～1789）……301
寛政（1789～1801）……303
享和（1801～1804）……304
文化（1804～1818）……305
文政（1818～1831）……306
天保（1831～1845）……307
弘化（1845～1848）……309
嘉永（1848～1855）……310
安政（1855～1860）……311
万延（1860～1861）……313
文久（1861～1864）……314
元治（1864～1865）……315
慶応（1865～1868）……316
◉日本のもうひとつの年号「皇紀」……318
明治以降……319
明治（1868～1912）……320
大正（1912～1926）……324
昭和（1926～1989）……326
平成（1989～）……330
おわりに……332

※本書データ部分には西暦も記しましたが、和暦と西暦では日付が異なるため、期間の年数にずれが生じることがあります。

はじめに
「元号とは何か～四書五経について」

私たちに馴染みの深い元号の、あまり知られていない一面

「平成《へいせい》」や「昭和《しょうわ》」といった元号は、私たちの暮らしに密着した非常に馴染《なじ》みの深いものである。また、「大化《たいか》の改新」や「天保《てんぽう》の改革」「明治維新」といった日本史上の重要な出来事には、元号がつけられているものも多い。

だが、元号そのものについては、意外と知られていないかもしれない。

たとえば、私たちにとって元号というのは、天皇が替わると新たになるものであり、その天皇の在位中は変わらないという認識が一般的だろう。しかし、これは明治以降の比較的新しい習慣で、それ以前は、一人の天皇の在位中に複数回、元号が変わるのはよくあることであった。天皇一代につき、元号ひとつという制度を「一世一元《いっせいいちげん》の制」という。

もちろん、明治以前にも新しい天皇が即位することによる改元《かいげん》はあった。だが、それ以外の理由で改元されることも多かったのである。めでたい兆《きざ》しと考えられる珍しい鳥や亀が見つかったり、国内から金や銅が発見されるといった吉事があると、それが理由となり改元されることもあった。反対に、地震や火事、水害、戦災、疫《えき》病《びょう》の流行などの凶事が起こると、厄払《やくばら》いのために改元されることもあった。天皇の代替わりによる改元を「代始《だいはじめ》改元」、吉事による改元を「祥瑞《しょうずい》改元」、凶事による改元を「災異《さいい》改元」という。

それ以外では、十干十二支《じっかんじゅうにし》における甲子《きのえね》の年や辛酉《かのととり》の年は、混乱の起きやすい年と考えられており、それが理由で改元されることも多かった。前者を「甲子《かっし》革令」、後者を「辛酉《しんゆう》革命」という。

もうひとつ、日本の元号のほとんどが中国の古典から採られていることは、広く知られているだろう。だが、出典が何で、その出典のなかのどの一文から元号が採られているのか、すぐに答えられる人はあまりいないはずだ。たとえば、昭和なら『書経《しょきょう》』のなかの一文「百姓昭明《ひゃくせいしょうめい》、協和萬邦《きょうわばんぽう》」から、平成も同じく『書経』のなかの一文「地平天成《ちへいてんせい》」から採られている。

他に、元号がどのように決まるかについても知られていないかもしれない。明治

飛鳥時代

飛鳥時代

大化【たいか】

期間	元年～6年 645年7月17日～ 650年3月22日
天皇	孝徳天皇
出典	『荀子』「陰陽大化、風雨博施」
勘申者	未詳

朝廷の転機となった「大化の改新」

『日本書紀《にほんしょき》』など、公式な記録による限り、日本で最初の元号が「大化」とされる。ただし、現在までに発掘された7世紀の遺跡では、大宝《たいほう》（28ページ）より前に元号が使用された形跡はない。当時はまだ、干支《えと》による年代の記述が一般的だった。

大化元年にあたる西暦645年は、干支では乙巳《きのとみ》の年となる。当時、朝廷では蘇我入鹿《そがのいるか》を中心とする蘇我氏が実権を握っていた。同年6月、中大兄皇子《なかのおおえのおうじ》らは、皇極《こうぎょく》天皇の宮殿で蘇我入鹿を討ち取り、その父である蘇我蝦夷《えみし》は自決して蘇我氏は衰退した。

その後、皇極天皇の弟の軽皇子《かるのみこ》が孝徳《こうとく》天皇として即位したが、実権を握ったのは皇太子の地位に就いた中大兄皇子だった。その協力者である中臣《なかとみの》（藤原《ふじわら》）鎌足《かまたり》は最高顧問である内臣《うちつおみ》の地位に就き、藤原氏の祖となる。

「乙巳《いっし》の変」と呼ばれるこの宮廷内クーデターのあと採用されたのが、大化の元号だ。『日本書紀』の注釈書である『釈日本紀《しゃくにほんぎ》』によれば、大化の元号が採用されたのは「天下安寧、政化敷行」のためとされる。

出典には諸説があり、『荀子《じゅんし》』の「陰陽大化、風雨博施」という一文であれば、「陰陽は大きく変化し、風雨は広く行きわたる」といった意味だ。このほか、『漢書《かんじょ》』の「古者修教訓三官、務以徳善化民、民已大化之後、天下常無一人之獄矣」、『宋《そう》書《しょ》』の「神武鷹揚、大化咸熙」など諸説があるため意味の解釈も多様である。

ひとつ明確にいえることは、中大兄皇子を中心とする新体制が、当時の中国王朝の国家制度の導入を進め、その一環として元号も採用されたということだろう。

乙巳の変のあと、孝徳天皇は難波宮《なにわぐう》（現在の大阪市中央区）に遷都し、大規模な皇居を築く。そして翌年、朝廷は唐《とう》の律令《りつりょう》制を手本とした土地の公有化による班《はん》田収授法《でんしゅうじゅほう》、地方行政制度の整備、租《そ》・庸《よう》・調《ちょう》からなる税制の整備、戸籍の創設などの「改新の詔《みことのり》」を発した。これは「大化の改新」と呼ばれ、中央集権的な国家体制をめざしたものだった。

飛鳥時代

白雉【はくち】

期間	元年～（5年？） 650年3月22日～ 654年11月24日
天皇	孝徳天皇
出典	『後漢書』「日南徼外蛮夷、献白雉白兎」
勘申者	未詳

◈吉祥の白い雉が由来

『日本書紀《にほんしょき》』によると、大化《たいか》6（650）年2月、穴戸《あなと》国（現在の山口県）の国司《こくし》である草壁連醜経《くさかべのむらじしこぶ》から朝廷に白い雉《きじ》が献上され、これを瑞祥《ずいしょう》として改元したとされる。祥瑞《しょうずい》改元と呼ばれる吉事による改元の最初の例だ。『後漢書《ごかんじょ》』にも、光武帝《こうぶてい》の時代に白い雉と白い兎《うさぎ》が献上されたとの記述がある。

白雉4（653）年と翌年には遣唐使《けんとうし》が派遣された。一方、この時期には孝徳《こうとく》天皇と中《なかの》大兄皇子《おおえのおうじ》の不仲が浮上する。大化の改新以降、孝徳天皇は中大兄皇子に実権を握られ、いわば傀儡《かいらい》のような扱いだったといわれる。

白雉5（654）年10月に孝徳天皇が崩御《ほうぎょ》してから白雉の元号は使われなくなる。

飛鳥時代

白鳳【はくほう】
朱雀【すざく】

期間	詳細不明　654年?～686年?
天皇	斉明天皇　天智天皇　弘文天皇　天武天皇
出典	――
勘申者	――

公式の元号がない時代

孝徳《こうとく》天皇が崩御《ほうぎょ》したのち、中大兄皇子《なかのおおえのおうじ》の母である皇極《こうぎょく》天皇が再び即位して、斉明《さいめい》天皇となる。斉明天皇は元号を定めなかったので、以後は686年に「朱鳥《しゅちょう》」（27ページ）の元号が採用されるまで元号がない。

しかし、「白鳳」と「朱雀」という元号が使われていたとする資料も存在する。

白鳳とは、白い羽毛の鳳凰《ほうおう》のことだ。この元号は、鎌倉時代に成立した歴史事典の『二中歴《にちゅうれき》』などに見られる、先に触れた白雉（22ページ）の異称だとする解釈もある。

ただし、歴史的な用語で、7世紀後半から8世紀初頭ごろの時期は白鳳時代、当時の仏教美術などは白鳳美術と呼ばれる。

白鳳美術とは、明治以降に使われるようになった用語で、奈良県にある高松塚《たかまつづか》古《こ》墳《ふん》の壁画、薬師寺《やくしじ》に安置された薬師三尊像などが知られている。この時期には、朝鮮半島や中国大陸との交流が進み、仏教文化の流入とともに建築や美術も発展した。また、朱雀も一部の寺社の縁起《えんぎ》などに見られる元号だが、これは後代の「朱鳥」の元号の異称だとも解釈されている。なお、朱雀は中国大陸の古代神話で天の東西南北を守る四聖獣のひとつで、南方を守護する。

いずれにせよ、白鳳も朱雀も、一般的には私年号《しねんごう》（または異年号、逸《いつ》年号）として扱われる。私年号とは、『日本書紀《にほんしょき》』など公式な史書に記載がない年号だ。

白鳳、朱雀のほかにも私年号は複数存在し、たとえば『伊予国風土記《いよのくにふどき》』や法隆《ほうりゅう》寺《じ》金堂《こんどう》の釈迦《しゃか》三尊像の光背《こうはい》の銘には、大化より前に「法興《ほうこう》」という元号が使われていた形跡がある。もっとも、私年号には一部の地方など狭い範囲でしか使われなかったと思われるものや、後世の創作と思われるものも多い。

公式な記録では、白鳳、朱雀にあたる時期の年代は、甲子《かっし》、丁卯《ていぼう》のように干支《えと》で表記するか、斉明2年、天智《てんじ》3年など、天皇の在位年数によって記されている。

古代史で最大の対外戦争と内乱

この白鳳、朱雀にあたる時代は、日本の古代史では重要な出来事が多い。日本海を隔てた朝鮮半島では、660年に唐《とう》と新羅《しらぎ》によって百済《くだら》が滅ぼされた。当時の朝鮮半島にあった百済、新羅、高句麗《こうくり》の3国のうち、百済は古くから日本の朝廷との縁が深かった。このため、百済の王族で日本にいた豊璋《ほうしょう》が百済の復興運動を起こすと、斉明天皇はその支援を進めるが、661年に斉明天皇は崩御してしまう。以後は中大兄皇子が即位しないまま政務を司《つかさど》った、これは「称制《しょうせい》」と呼ばれる。中大兄皇子は、阿曇比羅夫《あずみのひらふ》、阿倍《あべの》比羅夫らを指揮官とする約3万人の兵士を朝鮮半島に派遣した。663年8月には百済・日本の連合軍と、唐・新羅の連合軍が白村江《はくそんこう》（現在の韓国で錦江《きんこう》の河口）で衝突する。

これが日本史上で初の本格的な対外戦争となった「白村江の戦い」だが、当時の日本の軍勢は地方豪族の寄せ集めで統制が取れていなかったため、惨敗してしまう。

中大兄皇子は、敗戦の痛手から中央集権体制の整備を進め、唐と新羅の侵攻に備えて九州の防備を強化した。667年に中大兄皇子は近江《おうみ》の大津に遷都《せんと》し、その翌年には天智天皇としてようやく即位する。ただし、天皇の在位年数を年号とする場合、斉明天皇が崩御した翌年の662年が天智元年となる。

天智天皇は日本初の法典とされる近江令《りょう》を制定、さらに初めて全国的な戸籍の庚《こう》午年籍《ごねんじゃく》をつくらせ、律令《りつりょう》制の基礎を固めた。

こうして一時代を築いた天智天皇が671年に崩御すると、その息子である大友皇子《おおとものみこ》と、天智天皇の弟であった大海人皇子《おおあまのみこ》の間に皇位継承をめぐる争いが浮上する。

大海人皇子は、兄の死から半年後の672年6月、朝廷に不満を抱く地方豪族たちを味方につけて決起した。戦乱は九州から東国《とうごく》まで多くの勢力を巻き込んだ大乱に発展し、この年の干支は壬申《じんしん》だったので「壬申の乱」と呼ばれる。

最終的に、7月には琵琶湖の南にある瀬田橋で両陣営の決戦が行われ、敗れた大友皇子は自決。そして翌年、大海人皇子は飛鳥浄御原《あすかのきよみはら》で即位し、天武《てんむ》天皇となる。

天武天皇は引き続き律令制の強化に努め、『古事記《こじき》』のもとになった国史の編纂《へんさん》を進めさせたほか、皇族や地方豪族を序列づける身分制度として「八色の姓《やくさのかばね》」を制定した。

このほかの出来事としては、『日本書紀』によれば、天武天皇の治世の末期、684年の7月には彗星《すいせい》が目撃されたという。これは、76年周期で地球に接近するハレー彗星の観測記録として、日本で最古のものだ。

飛鳥時代

朱鳥【しゅちょう】

期間	元年〜？ 686年8月14日〜？
天皇	天武天皇 持統天皇
出典	『礼記』「前朱鳥而後玄武、左青龍而右白虎」
勘申者	未詳

◎今度は赤い雉が元号に

先に触れた白鳳《はくほう》と同じく、朱鳥も私年号であるか、朱雀の異称との説もある。

鎌倉時代に成立した歴代天皇の記録である『一代要記《いちだいようき》』によれば、686年に大和《やまと》国（現在の奈良県）で赤い雉《きじ》が献上されたことにちなんで改元されたが、同年9月に天武《てんむ》天皇が崩御《ほうぎょ》して以降は使われていない。

また、平安時代に成立した説話集の『日本霊異記《りょういき》』などによれば、7年間使われたとの説もあるが、真偽のほどは不明だ。

天武天皇の崩御後は、後継者とされた草《くさ》壁皇子《かべのみこ》が急死したため、皇后だった鸕野讚《うののささ》良《ら》皇女が政務を司《つかさど》り、690年には持統《じとう》天皇として即位して藤原京《ふじわらきょう》に遷都した。

飛鳥時代

大宝【たいほう】

期間	元年〜4年 701年5月3日〜 704年6月16日
天皇	文武天皇
出典	『易経』「聖人之大宝曰位」
勘申者	未詳

国法の基本「大宝律令」の完成

697年8月、草壁皇子《くさかべのみこ》の子で天武《てんむ》天皇の孫にあたる文武《もんむ》天皇が即位した。

そして、701年3月には対馬から金が献上されたことにより、大宝の元号がつけられる。室町《むろまち》時代に成立した『神皇正統記《じんのうしょうとうき》』には「以大宝、為年号之始」とある。

大宝元（701）年前後には、刑部親王《おさかべしんのう》や藤原不比等《ふじわらのふひと》らによって、天武天皇の代から進められていた律令《りつりょう》がほぼ完成された。これは犯罪と刑罰に関する律が全6巻、行政法である令が全11巻からなり、「大宝律令」と呼ばれる。また、律令制定の過程で「日本」という国号が定着。大宝2（702）年の遣唐《けんとう》使《し》では、初めて対外的に日本の名を使用した。

飛鳥時代

慶雲【けいうん】

期間	元年～5年 704年6月16日～708年2月7日
天皇	文武天皇 元明天皇
出典	『文選』「朝想慶雲興、夕遅白日移」
勘申者	未詳

都に現れた縁起の良い雲

慶雲とは夕暮れに現れる吉祥の雲とされ、古代の中国大陸の文献では、『文選《もんぜん》』のほか、『漢書《かんじょ》』『晋書《しんじょ》』にも言及がある。『続日本紀《しょくにほんぎ》』によると、備前《びぜん》国（現在の岡山県）から馬が献上され、藤原京《ふじわらきょう》の西楼にこの慶雲が現れたことから改元された。白雉《はくち》や朱鳥《しゅちょう》の元号と同じく、祥瑞《しょうずい》改元だ。

奈良県の明日香《あすか》村にある高松塚古墳《たかまつづかこふん》は、慶雲2（705）年ごろに完成したと推定されている。この古墳に埋葬されたのは、天武《てんむ》天皇の皇子らともいわれるが、諸説がある。

また、慶雲3（706）年には、各地の王公諸臣による山や沢の占有が禁じられた。これは朝廷の権力強化の一環だったようだ。

飛鳥時代

和銅【わどう】

期間	元年～8年 708年2月7日～715年10月3日
天皇	元明天皇
出典	――
勘申者	未詳

日本初のコインが登場

和銅の元号は、古典文献から採られたものではない。『続日本紀《しょくにほんぎ》』によると、武蔵国《むさし》（現在の埼玉県と東京都）の秩父郡《ちちぶ》から銅が献上されたことにより改元された。

この銅を使って、和銅元（708）年には日本で最初の流通貨幣とされる和同開珎《わどうかいちん》が鋳《ちゅう》造《ぞう》され、銅銭のほか銀銭も発行された。

和銅3（710）年には、唐《とう》の長安をモデルとする奈良の平城京《へいじょうきょう》への遷都が行われる。翌年には、貨幣の流通を促進するため、銭を貯めて納めた者に位を授ける蓄銭叙位令《ちくせんじょいれい》と、私鋳銭《しちゅうせん》（贋金《がんきん》）の禁止令が出された。

また、現存する最古の国史である『古事記《こじき》』もこの時期に成立したとされている。

奈良時代

奈良時代

霊亀【れいき】

期間	元年～3年 715年10月3日～ 717年12月24日
天皇	元正天皇
出典	『易経』「舎爾霊亀、見我朶頤」
勘申者	未詳

悲運の歌人が唐へと出航

霊亀は、鳳凰《ほうおう》や麒麟《きりん》と並び、中国大陸の神話に登場する神獣の一種とされる。

改元は、元正《げんしょう》天皇の即位に際し、都の左京を治める左京職から瑞亀《ずいき》が献上されたことに由来し、慶雲《けいうん》と同じく祥瑞《しょうずい》改元だ。

霊亀2（716）年には、遣唐使《けんとうし》として阿《あ》倍仲麻呂《べのなかまろ》、吉備真備《きびのまきび》、僧の玄昉《げんぼう》らが派遣される。なかでも、阿倍仲麻呂は唐の詩人として知られる李白《りはく》や王維《おうい》らと親しく交友を持つが、帰国を果たせず唐に骨を埋めた。

一方、吉備真備は唐に19年も滞在して儒学や兵学や暦法などを学んだのち帰国。玄昉も帰国後に聖武《しょうむ》天皇の母である藤原宮子《ふじわらのみやこ》の病を快癒《かいゆ》させ、二人とも朝廷から重用《ちょうよう》された。

養老【ようろう】

奈良時代

期間　元年〜8年　717年12月24日〜724年3月3日
天皇　元正天皇
出典　『孟子』「興曰、盍帰乎来、吾聞西伯善養老者」
勘申者　未詳

元正天皇が名づけた「養老の滝」伝説

鎌倉時代に成立した『古今著聞集《ここんちょもんじゅう》』などに記された伝説によると、美濃《みの》国（現在の岐阜県）で、ある孝行息子が山中で酒のわき出る泉を発見し、老いた父親に飲ませて養ったという。

美濃に行幸《ぎょうこう》した元正《げんしょう》天皇は、この話から現地の滝を「養老の滝」と命名し、養老と改元させた。岐阜県養老郡養老町の養老公園には、この伝説の題材となった滝が現在もある。

養老2（718）年には、藤原不比等《ふじわらのふひと》らの手により、**大宝律令《たいほうりつりょう》**の字句の誤りや矛盾点などを修正した「**養老律令**」が編纂《へんさん》された。

また、養老4（720）年には、口伝《くでん》を記述した『古事記《こじき》』よりも歴史書として整えられた『日本書紀《にほんしょき》』が完成している。

奈良時代

神亀【じんき】

期間	元年〜6年 724年3月3日〜 729年9月2日
天皇	聖武天皇
出典	『大載礼』「甲虫三百六十、神亀為之長」
勘申者	未詳

藤原氏の陰謀？「長屋王の変」

養老《ようろう》7（723）年の10月、朝廷に白い亀が献上された。これを瑞祥《ずいしょう》とし、翌年に即位した聖武《しょうむ》天皇は、元号を神亀と改元する。

だが、天下はあまり平穏とはいえず、神亀元（724）年に東北地方で蝦夷《えぞ》の反乱が発生し、陸奥《むつ》国（現在の福島県、宮城県、岩手県、青森県）には朝廷による支配拠点として多賀《たが》城《じょう》が築かれた。さらに、神亀6（729）年には、「長屋王《ながやおう》の変」が起きる。

長屋王は天武《てんむ》天皇の孫で、左大臣を務め、藤原《ふじわら》氏と血縁関係がない皇族のなかでは、皇位継承の有力候補だった。しかし、藤原氏の重鎮から敵視される。謀反《むほん》の疑いをかけられて失脚させられ、自害に追い込まれてしまう。

奈良時代

天平

【てんぴょう】

期間	元年～21年 729年9月2日～ 749年5月4日
天皇	聖武天皇
出典	『礼記』「国治而後、天下平也」
勘申者	未詳

混乱のなかでも発展した「天平文化」

都の左京職大夫《さきょうしきだいぶ》であった藤原麻呂《ふじわらのまろ》が、背中に「天王貴平知百年」という文字のある亀を献上したことを瑞祥《ずいしょう》として改元された。

この藤原麻呂は、兄の武智麻呂《むちまろ》、房前《ふささき》、宇合《うまかい》とともに、藤原氏の地位を固めようとする。天平元（729）年には、武智麻呂らの異母妹の藤原光明子《こうみょうし》が皇后の地位に就けられた。これは皇族以外が皇后となった最初の例で、藤原氏による外戚《がいせき》政治の礎《いしずえ》となる。

武智麻呂らの藤原4兄弟はそろって公卿《くぎょう》に昇進したが、天平9（737）年には疱瘡《ほうそう》（天然痘）が流行したため、相次いで世を去る。これは一部で、藤原氏と敵対して自害に追い込まれた長屋王《ながやおう》の祟《たた》りともいわれた。

その後、藤原氏に代わって、皇族出身の橘諸兄《たちばなのもろえ》が朝廷の有力者となり、唐《とう》帰りの秀才である吉備真備《きびのまきび》や僧の玄昉《げんぼう》らを重用《ちょうよう》する。

ところが、藤原宇合の子で大宰府《だざいふ》に左遷された広嗣《ひろつぐ》は、藤原氏が冷遇される状況に不満を抱き、天平12（740）年に反乱を起こす。藤原広嗣は九州から京都への侵攻を試みたが、聖武《しょうむ》天皇は1万7000人の兵を動員して、この「藤原広嗣の乱」を鎮圧した。

こうした混乱が続くなか、聖武天皇は仏教の普及によって民心の安定を図る。藤原広嗣の乱の翌年には、地方の各国に国分寺《こくぶんじ》と国分尼寺《こくぶんにじ》を設置する詔《みことのり》が出された。さらに、天平15（743）年には、大仏建立《こんりゅう》の詔が出され、在野《ざいや》の僧侶にも協力が求められた。また、同年には「墾田永年私財法《こんでんえいねんしざいほう》」が出される。律令《りつりょう》制のもとでは、すべての農地は国有とされていたが、新しく開墾された田畑の私有が認められ、以降は貴族の私有地である荘園《しょうえん》が広がる。こうして大宝《たいほう》律令の完成から半世紀を経ずして、律令制は揺らぎだす。

天平は749年までだが、奈良時代の中期にあたり、以降の元号にも767年まで天平の字が付された。こうした点もあり、東大寺《とうだいじ》の盧遮那《るしゃな》大仏、興福寺《こうふくじ》の阿修羅《あしゅら》像など奈良時代の建築や美術は「天平文化」と呼ばれる。

奈良時代

天平感宝

【てんぴょうかんぽう】

期間	元年 749年5月4日〜749年8月19日
天皇	聖武天皇
出典	——
勘申者	未詳

3カ月で消えた最初の4文字元号

日本の歴史上、漢字4文字の元号が使われたのも、過去の元号と部分的に同じ文字が使われたのも、この天平感宝が最初だ。

『続日本紀《しょくにほんぎ》』によれば、陸奥《むつ》国から黄金が献上されたことを瑞祥《ずいしょう》として改元された。

だが、3カ月あまりしか使われなかった元号なので、文献に登場することは少ない。

短期間で改元されたのは、聖武《しょうむ》天皇が出家して退位してしまったからだ。これは、存命の天皇が譲位して上皇《じょうこう》（太上天皇《だいじょう》）の地位に就く最初の例となった。仏教では、仏、法、僧の3つを三宝《さんぽう》と呼ぶが、出家した聖武天皇は、みずから「三宝の奴《やっこ》」を自称した。

奈良時代

天平勝宝

【てんぴょうしょうほう】

期間	元年～9年 749年8月19日～ 757年9月6日
天皇	孝謙天皇
出典	――
勘申者	未詳

日本で最初の代始改元

聖武《しょうむ》天皇が退位すると、阿倍内親王《あべのないしんのう》が即位して孝謙《こうけん》天皇となり、これにともなって改元された。これは、新天皇の即位自体を理由とする代始《だいはじめ》改元の最初の例となる。

ちなみに、聖武天皇の子供には男子がいなかったため、阿倍内親王は日本の皇室で初めての女性皇太子となっている。

天平勝宝4（752）年4月には、9年前から建立《こんりゅう》が進められていた奈良東大寺《とうだいじ》の大仏の開眼《かいげん》法要が行われた。また、この2年後には、唐《とう》から鑑真和上《がんじんわじょう》が来日を果たす。

そして、天平勝宝8（756）年には聖武上皇《じょうこう》が崩御《ほうぎょ》する。その後、数多くの遺品は、東大寺の正倉院宝物殿《しょうそういんほうもつでん》に献納された。

奈良時代

天平宝字

【てんぴょうほうじ】

期間	元年〜9年 757年9月6日〜765年2月1日
天皇	孝謙天皇 淳仁天皇 称徳天皇
出典	――
勘申者	未詳

吉兆を示す「宝字」から改元

改元はふたつの瑞祥《ずいしょう》に由来する。まず、天平勝宝《しょうほう》9（757）年4月、孝謙《こうけん》天皇の寝殿の天井に「天下大平」の4文字が現れた。

さらに、同年9月に駿河《するが》国（現在の静岡県）で、蚕《かいこ》が「五月八日開下帝釈標、知天皇命百年息」の文字（宝字）をつくったという。

当時、朝廷では皇太后のおいの藤原仲麻《ふじわらのなかま》呂《ろ》（のちに恵美押勝《えみのおしかつ》と改名）が台頭し、天平宝字2（758）年、大炊王《おおいおう》を淳仁《じゅんにん》天皇として擁立《ようりつ》した。ここで改元されなかったのは、孝謙上皇《じょうこう》が実権を維持したためのようだ。

恵美押勝は上皇に反乱を企《くわだ》てたが、天平宝字8（764）年に鎮圧され、孝謙上皇が称《しょう》徳《とく》天皇として再び即位した。

奈良時代

天平神護

【てんぴょうじんご】

期間	元年～3年 765年2月1日～ 767年9月13日
天皇	称徳天皇
出典	――
勘申者	未詳

即位の翌年にあらためて改元

称徳《しょうとく》天皇の即位後、前年に起きた恵《え》美押《みのおし》勝《かつ》（藤原仲麻呂《ふじわらのなかまろ》）の乱を無事に鎮圧できたのは神霊の護りによるものとして改元された。

即位の翌年に改元するのは、形式上、先帝への敬意を表するためとなっている。しかし、先帝の淳仁《じゅんにん》天皇は、恵美押勝に同調したため廃位されたのちに淡路島《あわじしま》に流された。

この時期には、僧の道鏡《どうきょう》が朝廷の有力者となる。道鏡は孝謙《こうけん》天皇の病気を治療したことで信頼を勝ち取り、孝謙天皇が称徳天皇として再び即位して以降、急速に出世した。

天平神護元（765）年、道鏡は新設の特別な地位である太政大臣禅師《だいじょうだいじんぜんじ》となり、翌年には僧侶として最高位の法王《ほうおう》の称号を得た。

奈良時代

神護景雲

【じんごけいうん】

期間	元年～4年 767年9月13日～ 770年10月23日
天皇	称徳天皇
出典	『晋書』「景雲、太平之応」
勘申者	未詳

◈現時点では最後の4文字元号

慶雲《けいうん》が現れたという瑞祥《ずいしょう》から改元されたとされる。なお、「景雲」の語句は、『晋書《しんじょ》』のほか『文選《もんぜん》』にも見受けられる。

神護景雲3（769）年には、宇佐八幡宮《うさはちまんぐう》が、称徳《しょうとく》天皇の信任の篤《あつ》い道鏡《どうきょう》を次の天皇に即位させるべしとの託宣《たくせん》を下すが、ほどなく託宣は取り消された。この事件で道鏡は朝廷内の反発を招き、翌年に称徳天皇が崩御《ほうぎょ》すると、道鏡は失脚して左遷された。

ちなみに、「天平感宝《てんぴょうかんぽう》」以来、この時期に4文字の元号が続いていたのは、中国大陸で女帝となった則天武后《そくてんぶこう》が「天冊万歳」「万歳登封」といった4文字の元号を用いていたことの影響があったという解釈がある。

奈良時代

宝亀【ほうき】

期間	元年～12年 770年10月23日～781年1月30日
天皇	光仁天皇
出典	『礼記』「青黒縁者、天子之宝亀也」
勘申者	未詳

◈東北で蝦夷との戦乱が勃発

天武《てんむ》天皇の血統にあたる称徳《しょうとく》天皇は実子がなく、崩御《ほうぎょ》後は、天智《てんじ》天皇の血統である白壁《しらかべ》王《おう》が即位して光仁《こうにん》天皇となった。当時、光仁天皇は62歳で、実在したことが確実視される天皇のなかでは、最高齢で即位している。

この光仁天皇の即位に際して、肥後《ひご》国（現在の熊本県）から白亀が相次いで献上され、これを大瑞《たいずい》として宝亀と改元された。

宝亀3（772）年には、皇后の井上内親《いのえないしん》王《のう》が天皇を呪詛《じゅそ》したとの嫌疑をかけられ、皇太子の他戸《おさべ》親王とともに失脚した。

また、宝亀11（780）年には、東北地方で蝦夷《えぞ》の豪族である伊治呰麻呂《これはるのあざまろ》が「宝亀の乱」を起こし、長期間の戦乱に発展した。

奈良時代

天応【てんおう】

期間	元年～2年 781年1月30日～782年9月30日
天皇	光仁天皇 桓武天皇
出典	『易経』「湯武革命、順乎天而應乎人。革之時、大矣哉」
勘申者	未詳

元旦から新元号がスタート

『続日本紀《しょくにほんぎ》』によれば、伊勢《いせ》斎宮《いつきのみや》に瑞祥《ずいしょう》とされる美しい雲が現れたことから改元された。改元された日は当時の暦で元旦にあたり、現時点で元旦に改元された唯一の例となる。

出典とされる『易経《えききょう》』の一文は、古代の湯《とう》王（武《ぶ》王）が殷《いん》王朝を興《おこ》したことを「天にしたがい人に応ず」と記したものだが、このほか、『漢書《かんじょ》』なども出典に挙げられる。

改元から3カ月後、光仁《こうにん》天皇は病を理由に退位し、山部親王《やまのべしんのう》が桓武《かんむ》天皇として即位する。山部親王は、藤原百川《ふじわらのももかわ》の後ろ盾により、他戸《おさべ》親王の失脚後に皇太子になったといわれる。

桓武天皇の即位後、天応元（781）年のうちに光仁上皇《じょうこう》は73歳で崩御《ほうぎょ》した。

奈良時代

延暦

【えんりゃく】

期間	元年～25年 782年9月30日～806年6月8日
天皇	桓武天皇
出典	『群書治要』「民詠徳政、則延期過歴」
勘申者	未詳

◎京都の名刹「延暦寺」が誕生

桓武《かんむ》天皇の即位にともない改元された。出典は『群書治要《ぐんしょちよう》』の一節「民詠徳政、則延期過歴」の最後の「歴」の字を「暦」としたともいわれるが、明確ではない。

延暦3（784）年、桓武天皇は平城京《へいじょうきょう》から京都の長岡京《ながおかきょう》へ遷都した。これは、桓武天皇は天智《てんじ》天皇の血統にあるため、天武《てんむ》天皇の血統に与《くみ》した貴族や寺社勢力が多かった平城京を離れたかったからと解釈されている。

しかし、翌年、長岡京の建設を指導した藤《ふじ》原種継《わらのたねつぐ》が暗殺された。この事件で桓武天皇の弟の早良親王《さわらしんのう》は関与を疑われて失脚し、淡《あわ》路島《じしま》に流される途中で不遇な最期を迎える。

その直後から、桓武天皇の近親者が次々と病死したり、水害や疫病《えきびょう》が相次ぎ、早良親王の祟《たた》りではないかと噂《うわさ》された。このため、不吉なイメージがついてしまった長岡京は放棄される。

こうして、延暦13（794）年、再び遷都が行われ、京都の平安京《へいあんきょう》が都となった。もっとも、都の建設費用や臣下の労力がかさんだため、平安京の造成は途中で打ち切られ、未完成のまま使われることになる。

この間の延暦7（788）年には、最澄《さいちょう》が比叡山《ひえいざん》に「延暦寺」を創建した。その後、最澄は空海《くうかい》とともに唐《とう》に留学する。この比叡山延暦寺は、中世まで日本仏教の中心地となった。平安時代の末期から鎌倉時代にかけて、浄土宗《じょうどしゅう》を開いた法然《ほうねん》、浄土真宗《じょうどしん》を開いた親鸞《しんらん》、臨済宗《りんざい》を開いた栄西《えいさい》、曹洞宗《そうとう》の開祖道元《どうげん》、日蓮宗《にちれん》を開いた日蓮なども、若いころには延暦寺で修行している。

東北では蝦夷《えぞ》の反乱が続き、蝦夷には有力なリーダーの阿弖流為《あてるい》が現れた。平安京への遷都の年、朝廷は10万の兵とともに征夷大将軍《せいいたいしょうぐん》の大伴弟麻呂《おおとものおとまろ》と副将軍の坂《さがの》上《うえの》田村麻呂《たむらまろ》を東北に派遣。途中からは田村麻呂が征夷大将軍の地位を引き継いだ。

延暦21年（802）年、田村麻呂はついに蝦夷の反乱軍を降伏させる。このとき、田村麻呂は、少数の兵力で勇敢に戦った阿弖流為に敬意を表してその助命を唱えた。だが、阿弖流為は都に送られたのち、役人によって一方的に処刑されてしまった。

元号に使われていた中国の史書

日本の元号は、四書五経《ししょごぎょう》から選ぶというのが基本だが、それ以外の書からも多数選ばれている。

とくに多いのが『史記《しき》』『漢書《かんじょ》』『後漢書《ごかんじょ》』など、史書が出典となっているものだ。中国は歴史が長いだけあって時代ごとに正史があり、なかでも代表的なものを二十四史と呼ぶ。史書からは、『晋書《しんじょ》』や『唐書《とうしょ》』などの他、あの『三国志《さんごくし》』から選ばれた元号もある。歴代王朝の安定した治世にあやかろうとしたのだろうが、皇帝ではない個人のエピソードを記した「列伝」などから選ばれる場合もあった。

また、『文選《もんぜん》』や『芸文類聚《げいもんるいじゅう》』などに収録されている詩篇や文学作品、百科事典ともいえる『博物誌《はくぶつし》』、さらに四書五経の注釈書まで、実に幅広い書が対象となっている。元号を勘申《かんじん》する文章博士《もんじょうはかせ》は、四書五経ばかりではなく、それらの中国古典、歴史書、文学書のすべてに精通していなければならなかった。その博識ぶりと、責任の重さには驚かされる。

平安時代

平安時代

大同

【だいどう】

期間	元年～5年 806年6月8日～ 810年10月20日
天皇	平城天皇 嵯峨天皇
出典	『礼記』「大道之行也、天下為行（中略）、是之謂大同」
勘申者	未詳

古代では異例の即日改元

平城《へいぜい》天皇の即位にともない改元された。出典は『書経《しょきょう》』とする説などもある。

また、当時としては異例となる即位当日の改元だったため、のちに『日本後紀《こうき》』では、先帝に対し非礼だったと記されている。

大同元（806）年には、唐《とう》から空海《くうかい》が帰国した。また、すでに前年に帰国していた最《さい》澄《ちょう》は、延暦寺《えんりゃくじ》を拠点に天台宗《てんだいしゅう》を創始した。

即位後の平城天皇は、精神的な不安から病に悩まされ、大同4（809）年には弟に皇位を譲り、新たに嵯峨《さが》天皇が即位する。

この翌年、嵯峨天皇は、天皇直属の家政機関として蔵人所《くろうどどころ》を設置し、藤原冬嗣《ふじわらのふゆつぐ》をそのトップである蔵人頭《くろうどのとう》に就けた。

平安時代

弘仁

【こうにん】

期間	元年～15年 810年10月20日～ 824年2月8日
天皇	嵯峨天皇 淳和天皇
出典	——
勘申者	未詳

「弘仁格式」の制定が始まる

嵯峨《さが》天皇の即位により改元。『礼記《らいき》』を出典とする説もあるが、詳細は不明。

当時、退位した平城上皇《へいぜいじょうこう》は平城京《へいじょうきょう》に移っていたが、嵯峨天皇との対立が浮上し「二所朝廷」と呼ばれる状況となる。弘仁元（810）年、平城上皇の寵愛《ちょうあい》を受ける藤原薬子《ふじわらのくすこ》とその兄の仲成《なかなり》は、上皇の復位を企《くわだ》てたが失敗した。これは「薬子の変」と呼ばれる。

弘仁7（816）年には、空海《くうかい》が高野山《こうやさん》に金剛峯寺《こんごうぶじ》を開き、真言《しんごん》宗の基礎を築いた。

また、養老律令《ようろうりつりょう》の制定から長い歳月が過ぎ、実情にそぐわない部分も出てきたため、弘仁11（820）年には、律令を補足する法令集として「弘仁格式《きゃくしき》」の制定が進められた。

平安時代

天長【てんちょう】

期間	元年～11年 824年2月8日～ 834年2月14日
天皇	淳和天皇 仁明天皇
出典	『老子』「天長地久」
勘申者	都宿禰腹赤　南淵弘貞 菅原清公

◎漢学の大家たちが定めた元号

淳《じゅん》和《な》天皇の即位により改元された。現時点で、勘申者《かんじんしゃ》の名が明確な最初の元号となる。勘申者の都腹赤《みやこのはらか》は漢学の教官である文章《もんじょう》博士《はかせ》、南淵弘貞《みなみぶちのひろさだ》は皇族を警護する右近衛権《うこのえごん》少将《しょうじょう》、菅原清公《すがわらのきよきみ》は治安維持を担当する弾正《だんじょう》大弼《だいひつ》で、いずれも漢学の古典教養が豊かな人物だ。これ以降も、元号の勘申者は、大学《だいがく》寮《りょう》で教鞭を執《と》る文章博士、あるいは大学寮が属する式部省《しきぶしょう》の高官が務めることが多い。

天長2（825）年、桓武《かんむ》天皇の孫である高棟王《たかむねおう》が「平《たいら》」の姓を賜与《しよ》され、平高棟となる。以降、同じく桓武天皇の子孫を中心とする様々な皇族が平姓を得て、平安時代後期に台頭する平氏の祖となった。

平安時代

承和

【じょうわ】

期間	元年〜15年 834年2月14日〜 848年7月16日
天皇	仁明天皇
出典	――
勘申者	未詳

藤原氏の陰謀か？「承和の変」

仁明《にんみょう》天皇の即位により改元。出典は『白虎通《びゃっこつう》』などともいわれるが、明確ではない。

承和7（840）年には、藤原緒嗣《ふじわらのおつぐ》らによって、『日本書紀《にほんしょき》』と『続日本紀《しょくにほんぎ》』に続く国史である『日本後紀《こうき》』が編纂《へんさん》された。

承和9（842）年、藤原氏と敵対する伴健岑《とものこわみね》、橘逸勢《たちばなのはやなり》らが皇太子である恒貞親王《つねさだしんのう》の擁立《ようりつ》を目的に反乱を企《くわだ》てたとの嫌疑から流罪《るざい》にされ、恒貞親王も失脚した。

これは「承和の変」と呼ばれるが、じつは藤原北家《ほっけ》の有力者良房《よしふさ》の陰謀だったとの説が根強い。この政変のあと、良房の妹である順子《のぶこ》が産んだ道康《みちやす》親王が皇太子となり、藤原氏の権力独占がさらに強まった。

平安時代

嘉祥

【かしょう】

期間	元年～4年 848年7月16日～ 851年6月1日
天皇	仁明天皇 文徳天皇
出典	『文選』「総集瑞命、備致嘉祥」
勘申者	未詳

京都の寺にその名を残す

一般に「嘉祥」とは、瑞祥《ずいしょう》と同じく、縁起《えんぎ》のよいしるしを意味する言葉だ。

『続日本紀《しょくにほんぎ》』によれば、承和《じょうわ》15（848）年、豊後《ぶんご》国（現在の大分県）から白亀が献上されたことを大瑞《たいずい》として改元された。

出典は『文選《もんぜん》』とされるが、『漢書《かんじょ》』の「百姓安、陰陽和、神霊応而嘉祥見」という一節が挙げられる場合などもある。

嘉祥3（850）年、京都伏見《ふしみ》に「嘉祥寺」が築かれる。仁明《にんめい》天皇が崩御《ほうぎょ》すると、次いで即位した文徳《もんとく》天皇は、この寺の側に先帝の陵墓を築いた。今日まで続く嘉祥寺には、日本で最古の歓喜天《かんぎてん》（象の頭を持つ神様）の像が祀《まつ》られているといわれる。

平安時代

仁寿
【にんじゅ】

期間	元年〜4年 851年6月1日〜 854年12月23日
天皇	文徳天皇
出典	『論語』「知者楽、仁者寿」
勘申者	未詳

疫病が原因で税が免除に

文徳《もんとく》天皇の即位ならびに、白亀発見、甘露が降るという瑞祥《ずいしょう》により改元された。

仁寿2（852）年、参議《さんぎ》も務めた歌人の小野篁《おののたかむら》が死去した。篁は、平安時代きっての美女とされた歌人である小野小町《こまち》の祖父といわれる。小町の生没年はまったく不明だが、彼女もこの時期に活躍したと推定される。

当時の税制には、稲を納める租《そ》、労務または物納による庸《よう》、絹や綿や魚介類などを納める調《ちょう》の3種類があったが、仁寿3（853）年には、各地で疫病《えきびょう》が大流行し、徴税もままならなくなった。このため、庸と調のうち、承和《じょうわ》10（843）年より前の未納分を免除するなどの大赦《たいしゃ》が行われている。

平安時代

斉衡【さいこう】

期間	元年～4年 854年12月23日～ 857年3月20日
天皇	文徳天皇
出典	――
勘申者	未詳

震災で大仏様の頭が崩落

石見《いわみ》国（現在の島根県）から醴泉《れいせん》（美味な泉）が献上された瑞祥《ずいしょう》により改元された。

斉衡2（855）年には、公卿《くぎょう》の藤原良《ふじわらのよし》房《ふさ》、伴善男《とものよしお》らに、『日本後紀《こうき》』に続く国史である『続《しょく》日本後紀』の編纂《へんさん》が命じられた。

また、同年には地震のため奈良の東大寺《とうだいじ》に安置されていた大仏の頭が落ちてしまった。このとき、工人の斎部文山《いんべのふみやま》が、ろくろとはしごを用いて修復したという。この斉衡の地震は後代まで有名で、鎌倉時代に成立した鴨《かもの》長明《ちょうめい》の随筆『方丈記《ほうじょうき》』にも出てくる。

また、当時の朝廷の有力者であった藤原良房は、斉衡4（857）年、律令《りつりょう》制で最高位の官職となる太政大臣《だいじょうだいじん》に就任した。

平安時代

天安

【てんあん／てんなん】

期間	元年～3年 857年3月20日～ 859年5月20日
天皇	文徳天皇 清和天皇
出典	『史記』「天下安寧」
勘申者	未詳

前例のない年少の天皇が即位

美作国《みまさか》（現在の岡山県）から白鹿が献上され、常陸国《ひたち》（現在の茨城県）から連理木《れんりぼく》が献上された瑞祥《ずいしょう》により改元された。この連理木とは、枝分かれした木が枝の先で再びくっついたもので、縁起《えんぎ》のよいものとされる。

『日本文徳《もんとく》天皇実録』などによれば、天安2（858）年の初夏には、豪雨のため平安京《へいあんきょう》の東西を流れる桂川《かつらがわ》と賀茂川《かもがわ》があふれ、都は人馬が通行不能になる洪水に襲われた。

また、同年には文徳天皇が病のため崩御《ほうぎょ》し、当時9歳の惟仁親王《これひとしんのう》が即位して清和《せいわ》天皇となる、幼帝が擁立《ようりつ》された最初の事例だ。このため、清和天皇の外祖父である藤原良房《ふじわらのよしふさ》が後見人として実権を握ることになる。

平安時代

貞観【じょうがん】

期間	元年～19年 859年5月20日～ 877年6月1日
天皇	清和天皇 陽成天皇
出典	『易経』「天地之道、貞観者也」
勘申者	未詳

歴史に残る大噴火と大地震

清和《せいわ》天皇の即位により改元された。なお、後代にはこの清和天皇の子孫で、皇族を離れて「源《みなもと》」の姓を賜与《しよ》された清和源氏《げんじ》の家系から、藤原道長《ふじわらのみちなが》に仕えた源頼光《よりみつ》、鎌倉幕府を開いた源頼朝《よりとも》らの有力な武士が現れる。

貞観6（864）年には、富士山が大噴火した。このとき流出した大量の溶岩による地形変化によって富士五湖ができる。富士山麓《さんろく》の青木ヶ原の樹海は、このとき流出した溶岩の上に木々が広がった森林だ。

貞観8（866）年には、「応天門《おうてんもん》の変」が起きる。大内裏《だいだいり》の応天門が放火され、大納言《だいなごん》の伴善男《とものよしお》は、左大臣の源信《まこと》に嫌疑をかけたが、逆に善男の子の中庸《なかつね》に疑いの目が向けられ、伴父子は流罪《るざい》にされた。さらに、親族が善男に仕えていた紀夏井《きのなつい》も連座で流罪となり、結果的に伴氏と紀氏は失墜する。こうして他の氏族に有力な政敵がいなくなった藤原良房《よしふさ》は、皇族以外で初めて摂政《せっしょう》に就任する。これ以降、藤原氏の人間が摂政と関白《かんぱく》に就く「摂関《せっかん》政治」が定着していく。

貞観11（８６９）年5月には、東北地方で「貞観地震」が発生した。マグニチュード8以上と推定され、多数の家屋が倒壊し、陸奥国府《むつこくふ》のある多賀城《たがじょう》をはじめ、三陸沿岸が大津波に見舞われた。これは、震源地や規模など多くの点で、平成23（２０１１）年に発生した東日本大震災と状況がよく似ている。

こうした政変や自然災害が続くなか、貞観年間には、弘仁《こうにん》年間につくられた弘仁格式《きゃくしき》に続き、律令《りつりょう》を補足する法令となる「貞観格式」の制定が藤原氏宗《うじむね》らによって進められた。これは貞観13（８７１）年に完成する。

また、平安時代の前期にあたる9世紀の美術は、少し前の弘仁（49ページ）と合わせて「弘仁貞観文化」と呼ばれることがある。

代表例は、室生寺《むろうじ》の五重塔、教王護国寺《きょうおうごこくじ》（東寺《とうじ》）の五大明王像、神護寺《じんごじ》の両界曼《りょうかいまん》茶羅《だら》などだ。この時期の仏教美術は、天台宗《てんだいしゅう》、真言宗《しんごん》など唐《とう》から伝わった密教や、仏教と日本古来の神道《しんとう》が融合した神仏習合《しんぶつしゅうごう》の影響がみられるのが特徴といえる。

平安時代

元慶

【がんぎょう／げんけい】

期間	元年〜9年 877年6月1日〜 885年3月11日
天皇	陽成天皇 光孝天皇
出典	――
勘申者	未詳

またも東北に反乱が勃発

清和《せいわ》天皇はわずか9歳で即位したが、貞観《じょうがん》19（877）年には、清和天皇の退位により、陽成《ようぜい》天皇がまた9歳の幼年で即位した。

この即位とともに、但馬《たじま》国（現在の兵庫県）から白雉《はくち》が、備後《びんご》国（現在の広島県）から白鹿が献上された瑞祥《ずいしょう》により改元された。

この時期には、朝廷の実権を握る有力者は藤原良房《ふじわらのよしふさ》から、そのおいで陽成天皇の外祖父にあたる藤原基経《もとつね》に移っている。

元慶2（878）年には、出羽《でわ》国（現在の秋田県、山形県）の苛政《かせい》に対し蝦夷《えぞ》の反乱が発生し、秋田城が襲撃される。「元慶の乱」と呼ばれたこの事件は、朝廷から派遣された藤原保則《やすのり》の懐柔策により鎮められた。

平安時代

仁和

【にんな】

期間	**元年〜5年** 885年3月11日〜 889年5月30日
天皇	光孝天皇 宇多天皇
出典	**『礼記』**「歌楽者仁之和也」
勘申者	未詳

◈今度は高齢の天皇が即位

9歳で即位した陽成《ようぜい》天皇は、成長すると摂《せっ》政《しょう》の藤原基経《ふじわらのもとつね》と折り合いが悪くなり、基経は元慶8年（884）年に55歳の光孝《こうこう》天皇を擁立《ようりつ》、その即位によって改元された。このとき、基経は最初の関白《かんぱく》に就任する。

光孝天皇は仁和3（887）年に崩御《ほうぎょ》し、宇多《うだ》天皇が即位する。基経は引き続き関白を背任したが、勅書には関白ではなく、ほぼ同義の古語で「阿衡《あこう》」と記されていたため、意味をはかりかねた基経と一時険悪になった。

このとき「阿衡」の語の説明をして両者を仲裁したのが、後世で「学問の神様」とされる菅原道真《すがわらのみちざね》だ。漢文学の実力で出世した道真は、のちに藤原氏と政争を演じる。

平安時代

寛平

【かんぴょう/かんぺい】

期間	元年～10年 889年5月30日～ 898年5月20日
天皇	宇多天皇 醍醐天皇
出典	『唐書』「高祖太宗、除隋虐乱、治以寛平」
勘申者	未詳

◈親政が行われた「寛平の治」

宇多《うだ》天皇の即位により改元された。朝廷の有力者だった藤原基経《ふじわらのもとつね》は寛平3（891）年に死去し、宇多天皇は藤原氏と姻戚《いんせき》関係がなかったため、藤原時平《ときひら》、菅原道真《すがわらのみちざね》らを重用《ちょうよう》しつつ、天皇みずから親政《しんせい》を執《と》る。

摂政《せっしょう》・関白《かんぱく》が置かれなかったこの時期の政治は「寛平の治」と呼ばれ、形骸化しかけていた律令《りつりょう》制の建て直しがはかられた。

寛平6（894）年、菅原道真は遣唐大使《けんとうたいし》に任命されるが、唐の政治的混乱などを考慮し、遣唐使の実質的な廃止を決める。

また、この時期には唐だけでなく朝鮮半島の内政も悪化し、新羅《しらぎ》からたびたび海賊が襲来したため、九州の防備が強化された。

平安時代

昌泰

【しょうたい】

期間	元年〜4年 898年5月20日〜 901年8月31日
天皇	醍醐天皇
出典	『旧唐書』「堂堂聖祖興、赫赫昌基泰」
勘申者	未詳

悲運の秀才・菅原道真が失脚

醍醐《だいご》天皇の即位により改元された。先代の宇多《うだ》天皇と同じく藤原《ふじわら》氏との姻戚《いんせき》関係がなかった醍醐天皇も、みずから親政《しんせい》を執《と》る。昌泰2（899）年、菅原道真《すがわらのみちざね》は右大臣にまで昇進する。血筋や家柄ではなく学識による出世としては異例の高位だが、左大臣の藤原時平《ときひら》からは執拗《しつよう》にライバル視された。

そして昌泰4（901）年、道真は、謀反《むほん》を起こして自分の娘婿《むこ》である斉世親王《ときよしんのう》を擁立《ようりつ》しようとしたとの嫌疑をかけられて失脚し、九州の大宰府《だざいふ》に左遷されてしまう。

これは「昌泰の変」と呼ばれ、藤原時平らの陰謀だったとの説も根強い。それから2年後、道真はさびしくこの世を去った。

平安時代

延喜【えんぎ】

期間	元年～23年 901年8月31日～ 923年5月29日
天皇	醍醐天皇
出典	『書経』「延喜王受徳、天錫佩」
勘申者	三善清行

日本初の「辛酉革命」による改元

改元の経緯は少しばかりややこしい。昌泰《しょうたい》4（901）年は干支《えと》が「辛酉《かのととり》」の年だ。古代の中国大陸では、この年は大変革で王朝が代わる「辛酉革命《しんゆうかくめい》」があるとされ、それを防ぐための改元（革年改元《かくねんかいげん》）が行われたのだ。

同じく、干支が「甲子《きのえね》」の年は甲子革令《かっしかくれい》、「戊辰《つちのえたつ》」の年は戊辰革運《ぼしんかくうん》という政変が起きるとされ、辛酉革命と合わせて「3革」という。後代もこれらが何度か改元の理由となる。

この改元を進言したのは、古典漢学と暦法に詳しかった文章博士《もんじょうはかせ》の三善清行《みよしきよゆき》で、延喜の元号も三善が定めたものとされる。

また、前年に瑞祥《ずいしょう》の星とされている「南極老人星」が観測されたことと、菅原道真《すがわらのみちざね》が失脚することになった政変が起きたことも、改元の一因になったといわれる。

このような幕開けだが、醍醐《だいご》天皇は引き続き親政《しんせい》によって律令《りつりょう》制を引き締め直し、後代には「**延喜の治**」として高く評価される。

まず、延喜2（902）年には「**延喜の荘園《しょうえん》整理令**」が出された。皇室直属とされた勅旨田《ちょくしでん》や貴族や寺社による荘園の拡大を制限したもので、以降も平安時代には何度か荘園整理令が出されることになる。また、弘仁格式《こうにんきゃくしき》、貞観《じょうがん》格式に続き、律令を補足する法令として「**延喜格式**」の制定が進められた。

延喜5（905）年には、紀貫之《きのつらゆき》らによって、最初の勅撰《ちょくせん》和歌集『古今和歌集《こきんわかしゅう》』が編纂《へんさん》される。有名な「小倉《おぐら》百人一首」の約4分の1はここから選ばれた和歌だ。

当時の朝廷では、藤原時平《ふじわらのときひら》が有力者だったが、延喜9（909）年には39歳で早世《そうせい》してしまう。また、都では落雷や疫病《えきびょう》が多発し、これらは時平と対立して失脚した菅原道真の祟《たた》りだと噂《うわさ》される。このため、時平の弟である仲平《なかひら》が大宰府《だざいふ》まで下向し、道真の霊を祀《まつ》る社殿として天満宮が築かれた。

延喜15（915）年には、出羽《でわ》国で十和田湖火山の大噴火が発生。このとき噴出した火山灰は広範囲に散らばり、比叡山《ひえいざん》で編纂された『扶桑略記《ふそうりゃっき》』によれば、京の都でも朝日が夜の月のように見えたという。

平安時代

延長【えんちょう】

期間	元年〜9年 923年5月29日〜931年5月16日
天皇	醍醐天皇 朱雀天皇
出典	『文選』「彰皇徳兮、侔周成、永延長兮膺天慶」
勘申者	醍醐天皇

天皇みずからが定めた元号

前代の延喜《えんぎ》年間に自然災害や疫病《えきびょう》が多発したため改元された。延長の元号は醍醐《だいご》天皇みずからの勅勘《ちょっかん》によるものといわれる。

だが、いわば不吉な時代が延長された状況だった。延長元（923）年には皇太子の保《やす》明親王《あきらしんのう》が21歳で早世《そうせい》、藤原時平《ふじわらのときひら》の急死と同じく菅原道真《すがわらのみちざね》の祟《たた》りと噂《うわさ》されたため、道真の名誉回復が行われ、正二位《しょうにい》の官位が追贈《ついぞう》される。それでも凶事は止《や》まず、次の皇太子となった慶頼王《よしよりおう》も、わずか5歳で早世した。

延長8（930）年には、内裏《だいり》の清涼殿《せいりょうでん》に落雷があって死者が多数発生し、この災厄から間もなく、醍醐天皇も崩御《ほうぎょ》してしまう。これらもまた道真の祟りとの噂が広まった。

平安時代

承平

【じょうへい/しょうへい】

元年～8年

期間	931年5月16日～938年6月22日
天皇	朱雀天皇
出典	『漢書』「今累世承平、豪富吏民、訾数鉅万」
勘申者	大江維時　大江朝綱

◎かな文学の祖『土佐日記』が成立

朱雀《すざく》天皇の即位にともない改元された。勘《かん》申者《じんしゃ》の大江維時《おおえのこれとき》は文章博士《もんじょうはかせ》、その従兄弟《いとこ》の大江朝綱《あさつな》は詔勅《しょうちょく》の草案をつくる大内記《だいないき》で、ともに『新国史《しんこくし》』の編纂《へんさん》に携わった。

承平5（935）年、下総《しもうさ》国（現在の千葉県、茨城県）で、桓武《かんむ》天皇の子孫である平将門《たいらのまさかど》は、領地の相続をめぐる争いからおじの平国香《くにか》を殺害した。これが関東一円を巻き込んだ「平将門の乱」の発端となる。

一方、同時期には紀貫之《きのつらゆき》が『土佐《とさ》日記』を著した。これは土佐国（現在の高知県）に国司《こくし》として赴任していた貫之が京に帰るまでの旅をひらがなで記したもので、仮名による日記文学の元祖とされる。

平安時代

天慶

【てんぎょう/てんきょう】

期間	元年~10年 938年6月22日~ 947年5月15日
天皇	朱雀天皇 村上天皇
出典	『漢書』「金声而玉振之、以順成天慶、垂万世之基」
勘申者	大江維時　大江朝綱

日本の東西で「承平天慶の乱」発生

京都で地震が発生。加えて東国《とうごく》などで戦乱が相次いだため改元された。だが、改元後も日本の東西で戦乱が拡大する。

かねてより関東の平氏の間で内紛を続けていた平将門《たいらのまさかど》は、天慶2(939)年、常陸国《ひたちのくに》(現在の茨城県)の国府《こくふ》とも衝突。国府の軍を破った将門は、勢いに乗って関東一円を支配下に置き「新皇《しんのう》」を名乗った。いわば、朝廷からの独立政権だ。国司の支配に不満を抱いていた東国の民もこれに従う。

ほぼ時を同じくして、瀬戸内海では、貧しい漁民などが海賊となって各地の荘園《しょうえん》から都に運ばれる物資の略奪をくり返していた。その討伐のため、伊予国《いよのくに》(現在の愛媛県)に藤《ふじ》原《わら》純友《すみとも》が派遣される。だが、純友は待遇に不満を抱き、逆に現地の海賊たちを自分の配下に引き入れて朝廷に反旗を翻《ひるがえ》す。こうして、関東と瀬戸内海の東西２カ所で同時に発生した大規模な反乱は前の元号である承平《じょうへい》年間から合わせて「**承平天慶の乱**」と呼ばれる。

天慶３（９４０）年1月、将門に殺された平国香《くにか》の息子である平貞盛《さだもり》らは、下総《しもうさ》の将門の拠点を攻撃し、弓の名手である藤原秀郷《ひでさと》が将門を討ち取った。その後、将門の首は都にさらされたが、胴体のある関東へ飛び去って落ちたと伝えられ、その場所（現在の東京都千代田区）に将門の首塚が築かれた。

一方、藤原純友は瀬戸内海から九州北部の沿岸で朝廷の軍と衝突したが、天慶４（９４１）年、博多湾の戦いで敗北。本拠地の伊予に戻ったところで討ち取られた。

この反乱の平定で武勲を挙げた平貞盛の子孫からは平清盛《きよもり》らが現れ、藤原秀郷の子孫は奥州《おうしゅう》藤原氏となり、平定に参加した源経基《みなもとのつねもと》の子孫から源頼朝《よりとも》らが現れる。つまり、承平天慶の乱は武士の台頭の最初の契機となった。

なお、天慶元（９３８）年には、天台宗《てんだいしゅう》出身の僧である空也《くうや》が、京の町で念仏を始めたと伝えられる。それまで、仏教は難しい経典を学んだ僧侶や、貴族階級が中心だったが、庶民に仏教が受け入れられるようになった発端といえるだろう。

平安時代

天暦【てんりゃく】

期間	元年～11年 947年5月15日～ 957年11月21日
天皇	村上天皇
出典	『論語』「天之暦数、在爾躬」
勘申者	大江朝綱

禅譲で生まれた「天暦の治」

朱雀《すざく》天皇の譲位により村上《むらかみ》天皇が即位したことで改元された。出典も中国神話上の名君である堯帝《ぎょう》が舜帝《しゅん》に譲位したときの言葉で、「天之暦数」とは天の運命をさす。

村上天皇は摂政《せっしょう》・関白《かんぱく》を置かずに親政《しんせい》を行い、その治世は「天暦の治」と呼ばれて高く評価されている。これは、同じく親政を行った醍醐《だいご》天皇の「延喜《えんぎ》の治」と合わせて「延喜天暦の治」と呼ばれることもある。

そんな村上天皇は、和歌と音楽をたしなみ、文化の保護に力を入れた。天暦5（951）年には、藤原伊尹《ふじわらのこれただ》らが、『古今《こきん》和歌集』に続く第2の勅撰《ちょくせん》和歌集となる『後撰《ごせん》和歌集』の編纂《へんさん》に着手している。

平安時代

天徳

【てんとく】

期間	元年〜5年 957年11月21日〜 961年3月5日
天皇	村上天皇
出典	『易経』「飛龍在天、乃位乎天徳」
勘申者	秦具瞻

和歌を盛り上げた「天徳内裏歌合」

前年から干ばつと飢饉《ききん》が発生したため改元された。出典は『易経《えききょう》』が挙げられるほか、『礼記《らいき》』にも「達天徳者」の語がある。

天徳2（958）年には、銅銭の乾元大宝《けんげんたいほう》が鋳造《ちゅうぞう》された。これは、飛鳥《あすか》時代につくられた和同開珎《わどうかいちん》から続いた12種類の国産貨幣「皇朝十二銭」の最後のものだ。これ以降は、しだいに輸入銭が多く流通するようになる。

和歌を好んだ村上《むらかみ》天皇は、天徳4（960）年に、「天徳内裏歌合《だいりうたあわせ》」を開催する。これは、歌人同士が歌の出来を競い合う歌合の規範となり、その後の和歌の発展にも寄与した。また、同年には平安京《へいあんきょう》に遷都してから初めて、内裏が焼失する火災が起きる。

平安時代

応和【おうわ】

期間	元年～4年 961年3月5日～ 964年8月19日
天皇	村上天皇
出典	『晋書』「鳥獣万物、莫不応和」
勘申者	菅原文時

仏教の解釈をめぐる「応和の宗論」

前年に起きた内裏《だいり》の焼失という凶事に加え、延喜《えんぎ》元（901）年以来の「辛酉革命《しんゆう》」（62ページ）のため改元された。

内裏が全焼してしまったため、この時期、村上《むらかみ》天皇は一時的に平安京《へいあんきょう》の堀川小路《ほりかわこうじ》に面した冷泉院《れいぜいいん》に移っている。冷泉院は本来、譲位したあとの上皇《じょうこう》が使うための御所《ごしょ》だ。

応和3（963）年には「応和の宗論《しゅうろん》」というものが起きた。これは、村上天皇が、最澄《さいちょう》が広めた天台宗《てんだい》と、奈良時代から続く法相宗《ほっそう》の僧を各10人ずつ招いて議論させたものだ。天台宗側はすべての衆生《しゅじょう》は成仏《じょうぶつ》できると主張、法相宗側は素質によって成仏しない者もあると主張し、はげしい論争となった。

平安時代

康保【こうほう】

期間	元年～5年 964年8月19日～ 968年9月8日
天皇	村上天皇 冷泉天皇
出典	『書経』「別求聞由古先哲王、 用康保民弘于天」
勘申者	菅原文時

初の「甲子革令」による改元

干ばつの発生に加え、干支が甲子《きのえね》の年であったため、「甲子《かっし》革令」（62ページ）により改元された。これまでにも甲子の年はあるが、甲子革令による改元は初となる。

この「康保」と前代の「応和《おうわ》」の勘申者《かんじんしゃ》である菅原文時《すがわらのふみとき》は、菅原道真《みちざね》の孫だ。道真の息子の菅原高視《たかみ》は父親の失脚に連座させられたが、文時は式部大輔《しきぶたいふ》まで出世した。

康保4（967）年には延喜《えんぎ》（62ページ）年間に制定が始まった法令集の**延喜格式《きゃくしき》**が、ようやく施行される。これだけ間が空いたのは、先行する**弘仁《こうにん》格式**、**貞観《じょうがん》格式**が100年近く前のものなので、内容の調整など編纂《へんさん》作業に時間がかかったためだ。

平安時代

安和

【あんな／あんわ】

期間	元年〜3年 968年9月8日〜970年5月3日
天皇	冷泉天皇 円融天皇
出典	『漢書』「四時舞者、孝文所作、以明示天下之安和」
勘申者	藤原後生

「安和の変」で藤原氏の権勢が確立

冷泉《れいぜい》天皇の即位にともない改元された。冷泉天皇には守平親王《もりひらしんのう》と為平《ためひら》親王という二人の弟がいて、皇太子は守平親王のほうだったが、安和2（969）年、左大臣の源高明《みなもとのたかあきら》が自分の娘婿《むこ》である為平親王の擁立《ようりつ》を図ったと密告され、大宰府《だざいふ》に左遷される。

為平親王が即位した場合、高明が摂政《せっしょう》や関《かん》白《ぱく》に就任する可能性が充分あった。このため、高明の失脚は、守平親王と姻戚《いんせき》関係にあった藤原《ふじわら》氏による陰謀だったとの見方が強い。

この政変は「安和の変」と呼ばれ、以降は藤原氏による摂政・関白の独占が完成する。

そして、同年中に冷泉天皇は退位し、守平親王が即位して円融《えんゆう》天皇となった。

平安時代

天禄

【てんろく】

期間	元年～4年 970年5月3日～ 974年1月16日
天皇	円融天皇
出典	『書経』「慎乃有位、敬修其可願、四海困窮天禄永終」
勘申者	未詳

「臨時」の祭が恒例行事に

円融《えんゆう》天皇の即位により改元された。当時の円融天皇はまだ11歳で、摂政《せっしょう》の藤原伊尹《ふじわらのこれただ》が実権を握る。安和《あんな》年間に起きた「安和の変」で、藤原氏はほぼ政敵がいなくなったが、天禄3（972）年に藤原伊尹が死去すると、その弟の兼通《かねみち》と兼家《かねいえ》の間に後継争いが起きる。

結局、円融天皇の母だった藤原安子《あんし》の遺訓で兼通が関白《かんぱく》と内大臣の地位に就いた。

京都の石清水八幡宮《いわしみずはちまんぐう》では3月に「石清水臨時祭」があるが、天禄2（971）年からこれが恒例行事となった。この祭はもともと、天慶《てんぎょう》年間に平将門《たいらのまさかど》と藤原純友《すみとも》の乱が平定されたことを祝った臨時の祭だが、天禄年間からは「臨時」とついたまま例年続いている。

平安時代

天延

【てんえん】

期間	元年～4年 974年1月16日～ 976年8月11日
天皇	円融天皇
出典	――
勘申者	未詳

女の人生を記した『蜻蛉日記』が成立

地震の発生により改元された。出典は不明だが、唐《とう》代の百科全書とされる『芸文類聚《げいもんるいじゅう》』に「志所存皇雖殪没天禄永延」とあるので、これが由来ではないかともいわれる。

『日本紀略《きりゃく》』によれば、天延3（975）年には日食が発生。このため「安和《あんな》の変」での流罪人《るざいにん》が呼び戻された。大きな事件や災害などのときには恩赦《おんしゃ》が行われるが、当時は日食もその対象となっていたようだ。

また、正確な時期は不明だが、天延年間には、女性による日記文学の祖となる『蜻蛉日《かげろう》記』が成立した。著者は藤原道綱《ふじわらのみちつな》の母で、藤原兼家《かねいえ》との結婚生活など、当時の貴族女性の日常をリアルに伝えている。

平安時代

貞元

【じょうげん】

期間	元年〜3年 976年8月11日〜 978年12月31日
天皇	円融天皇
出典	——
勘申者	未詳

火災と震災が続けざまに発生

天延《てんえん》4(976)年の初夏には、また内裏《だいり》が焼失した。天徳《てんとく》4(960)年以来、火災で内裏が失われるのは2度目となる。

さらに、7月には現在の京都府から滋賀県にかけて大規模な地震が発生。当時の大蔵省、宮内省《くないしょう》などの官人が勤務する八省院《はっしょういん》や、京都の西寺《さいじ》、東寺《とうじ》、清水寺《きよみずでら》、近江《おうみ》(現在の滋賀県)の国分寺《こくぶんじ》などが倒壊し、死者も多数発生した。

以上のような災厄のため改元された。出典は不明だが、『文選《もんぜん》』に「乃貞吉之元符」とあるのが由来ではないかともいわれる。

円融《えんゆう》天皇は、内裏の火災後、関白《かんぱく》の邸宅があった京都堀川沿いの堀河院《ほりかわいん》に移ったが、翌年には再建された内裏に戻っている。

平安時代

天元

【てんげん】

期間	元年〜6年 978年12月31日〜 983年5月29日
天皇	円融天皇
出典	『史記』「王者易姓受命(中略)、推本天元、順承共意」
勘申者	未詳

◈厄年を避けるために改元

古代には改元に影響を与えていた要素のひとつが、星の動きなどから運勢を占う陰陽《おんみょう》道《どう》だ。貞元《じょうげん》3(978)年の翌年は、陰陽道で「陽五」の厄年とされたため改元された。

出典は『後漢書《ごかんじょ》』の「臣願明主厳天元之尊、王乾剛之位」という一節とする説もある。

天元3(980)年、京都は暴風雨に見舞われた。このため、平安京《へいあんきょう》の中央南端にある正門の羅城門《らじょうもん》などが倒壊した。

同年にはまた火災で内裏《だいり》が焼失。翌年には再建されるが、その翌年にまたも内裏が焼失してしまった。円融《えんゆう》天皇の治世ではこれで3度目だ。以降、11世紀に入ってからも内裏の火災が多発する。

平安時代

永観【えいかん】

期間	元年～3年 983年5月29日～ 985年5月19日
天皇	円融天皇 花山天皇
出典	『書経』「王俾殷乃承叙万年、其永観朕子懐徳」
勘申者	未詳

◎日本最古の医学書が成立

かねてよりの御所《ごしょ》での火災や、干ばつなどの凶事を断ち切るために改元された。

円融《えんゆう》天皇は永観2（984）年に退位し、おいの師貞親王《もろさだしんのう》（先代の冷泉《れいぜい》天皇の皇子）が即位して花山《かざん》天皇となる。この年には「永観の荘園《しょうえん》整理令」が出され、延喜《えんぎ》2（902）年以降に新しくできた荘園は停止された。

また、同年には丹波康頼《たんばのやすより》が『医心方《いしんぼう》』を著した。これは現存する日本最古の医学書で、原本は国宝となっている。内容は隋《ずい》や唐《とう》などの医学書からの引用だが、それら中国の原著は失われたものも少なくない。

ちなみに、丹波康頼は昭和時代に活躍した俳優の丹波哲郎の遠い先祖にあたる。

平安時代

寛和

【かんな／かんわ】

期間	元年～3年 985年5月19日～ 987年5月5日
天皇	花山天皇 一条天皇
出典	『後漢書』「以寛和為政」
勘申者	未詳

◎安倍晴明が予見した？「寛和の変」

花山《かざん》天皇の即位にともない改元された。ちょうど改元に前後する時期、天台《てんだい》宗の僧である源信《げんしん》が『往生要集《おうじょうようしゅう》』を著する。これは極楽往生や念仏などについて論じたもので、平安時代の末期に庶民の間で流行する浄《じょう》土《ど》教の思想的な基礎になっている。

寛和2（986）年には、早くも花山天皇は退位する。花山天皇は寵愛《ちょうあい》していた女御《にょうご》が前年に死去したため出家を考えるようになり、右大臣の藤原兼家《ふじわらのかねいえ》は、自分の外孫でまだ7歳の懐仁親王《やすひとしんのう》を一条《いちじょう》天皇として擁立《ようりつ》した。

これは「寛和の変」と呼ばれ、一説によれば、陰陽師《おんみょうじ》として有名な安倍晴明《あべのせいめい》は天変から花山天皇の譲位を予知したともいわれる。

平安時代

永延

【えいえん】

期間	元年～3年 987年5月5日～ 989年9月10日
天皇	一条天皇
出典	『後漢書』「豊千億之子孫、歴万載而永延」
勘申者	未詳

お金を使うよう寺社に祈願？

一条《いちじょう》天皇の即位にともない改元された。出典は、『漢書《かんじょ》』の「永世延祚、不亦優乎」という一節ではないかとする説もある。

『日本紀略《きりゃく》』によれば、永延元（987）年、役人に銭貨《せんか》の流通を推進させ、寺社にも祈願させたという。当時は貨幣価値の切り替えが頻繁に起きたので、貨幣の信用が低かったためだ。

永延2（988）年、尾張《おわり》国（現在の愛知県）の郡司《ぐんじ》と農民が、国司《こくし》の藤原元命《ふじわらのもとなが》による過重な徴税などの悪政を朝廷に訴えた。この翌年に藤原元命は解任される。告発状として提出された「尾張国解文《げぶみ》」は、当時の地方政治がよくわかる歴史史料として知られる。

平安時代

永祚【えいそ】

期間	元年～2年 989年9月10日～990年11月26日
天皇	一条天皇
出典	『晋書』「宜奉宗廟、永承天祚」
勘申者	大江維時

◎都を襲った「永祚の風」

永延《えいえん》3（989）年、地震などの凶事を払うためと、彗星《すいせい》が観測されたため改元される。これは76年周期で飛来するハレー彗星だった。当時、彗星はよく凶兆と見なされたが、記録上で彗星による改元は初の例となる。

また、『日本紀略《きりゃく》』などによれば、同年には強烈な台風が近畿地方を襲い、宮城《きゅうじょう》の門や殿舎などが倒壊、さらに鴨川《かもがわ》の堤が決壊したと伝えられる。これは後代まで「永祚の風」と呼ばれて語り継がれることになった。

永祚2（990）年には、一条《いちじょう》天皇の元服《げんぷく》にともない、藤原道隆《ふじわらのみちたか》の娘の定子《ていし》が入内《じゅだい》する。この定子に女官として仕えたのが、『枕草子《まくらのそうし》』の著者として知られる清少納言《せいしょうなごん》だ。

平安時代

正暦

【しょうりゃく】

期間	元年〜6年 990年11月26日〜 995年3月25日
天皇	一条天皇
出典	『史記』「新垣平以望気見、頗言正暦服色事」
勘申者	菅原輔正

天台宗が二派に分裂

前年に起きた暴風（永祚《えいそ》の風）による災厄を払うため改元された。勘申者《かんじんしゃ》は、菅原道真《すがわらのみちざね》の曾孫で文章博士《もんじょうはかせ》などを務めた菅原輔正《すけまさ》だったのではないかともいわれる。

正暦年間には、天台《てんだい》宗のなかで教義解釈の対立が発生した。正暦4（993）年、5世座主《ざす》の円珍《えんちん》を支持した勢力は比叡山延暦寺《ひえいざんえんりゃくじ》を離れ、現在の滋賀県大津市の園城寺《おんじょうじ》を拠点とするようになる。以降、比叡山側は山門《さんもん》派、園城寺は寺門《じもん》派と名乗るようになった。

また、同年は菅原道真の死去から90年にあたるが、律令《りつりょう》制に基づく位階では最高位となる正一位《しょういちい》と、律令官制で最高位となる太政大臣《だいじょうだいじん》の地位が道真に追贈《ついぞう》された。

平安時代

長徳

【ちょうとく】

期間	元年～5年 995年3月25日～ 999年2月1日
天皇	一条天皇
出典	『城門校尉箴』「唐虞長徳、而四海永懐」
勘申者	大江維時

◎藤原氏トップの交代が相次ぐ

前年より疱瘡《ほうそう》（天然痘）が流行し、多数の死者が発生していたため改元された。当時の平安京《へいあんきょう》は衛生状態が悪かったため疫病《えきびょう》が流行しやすく、たびたび改元の原因となる。

長徳元（995）年、当時の朝廷の有力者で摂政《せっしょう》と関白《かんぱく》を歴任した藤原道隆《ふじわらのみちたか》が急死する。その弟の道兼《みちかね》が地位を継いだが、すぐに病死した。このため、道隆の末弟の道長《みちなが》と道隆の息子の伊周《これちか》の政争が浮上する。

だが、伊周は、自分の意中の女性を出家した花山法皇《かざんほうおう》が狙っていると誤解して法皇を襲撃しようとしたため失脚した。この事件は「長徳の変」と呼ばれる。かくして、ライバルがいなくなった道長が実権を握ることになる。

平安時代

長保

【ちょうほう】

期間　元年～6年
999年2月1日～1004年8月8日

天皇　一条天皇

出典　『国語』「若本固而功成、施徧而民阜、乃可以長保民矣」

勘申者　大江匡衡

初めて二人の皇后が並立

干ばつの凶事を払うため改元された。当時、一条《いちじょう》天皇はすでに藤原定子《ふじわらのていし》を皇后としていたが、長保元（999）年、藤原道長《みちなが》の長女で、定子の従妹《いとこ》となる彰子《しょうし》が入内《じゅだい》する。

このため、初めて皇后が二人という「一代二后」が実現した。もっとも、同年中に定子は次女を出産し、直後に崩御《ほうぎょ》する。なお、定子に仕えた清少納言《せいしょうなごん》による『枕草子《まくらのそうし》』もこのころ成立したといわれる。

一方、彰子は承保《じょうほう》元（1074）年まで生き、後年は上東門院《じょうとうもんいん》と呼ばれるようになる。この彰子に仕えたのが『源氏物語』の著者の紫《むらさき》式部《しきぶ》、歌人として名高い和泉《いずみ》式部らで、まさに当時は平安文学の黄金期といえる。

平安時代

寛弘

【かんこう】

期間	元年～9年 1004年8月8日～ 1013年2月8日
天皇	一条天皇 三条天皇
出典	『漢書』「寛弘尽下、出於恭倹、号令温雅、有古之風烈」
勘申者	大江匡衡

平安文学が花開いた時代

天変地異により改元された。勘申者《かんじんしゃ》の大江《おおえの》匡衡《まさひら》はすぐれた歌人でもあり、清少納言《せいしょうなごん》や紫式部《むらさきしきぶ》らとともに「中古《ちゅうこ》三十六歌仙」の一人に名を連ねる。これは、在原業平《ありわらのなりひら》や小野《おのの》小町《こまち》らの「三十六歌仙」に次ぐ評価の高さだ。

文学が盛んになった寛弘年間には、『古今《こきん》和歌集』と『後撰《ごせん》和歌集』に続く3番目の勅《ちょく》撰《せん》和歌集の『拾遺《しゅうい》和歌集』が成立した。編纂《へんさん》は花山法皇《かざんほうおう》が中心になったといわれる。また、紫式部による『源氏物語』と『紫式部日記』もこの時期に成立したと推定される。

寛弘8（1011）年には、一条《いちじょう》天皇が病のため退位し、冷泉《れいぜい》天皇の皇子であった居貞《おきさだ》親王《しんのう》が即位して三条《さんじょう》天皇となった。

平安時代

長和【ちょうわ】

期間	元年～6年 1013年2月8日～ 1017年5月21日
天皇	三条天皇
	後一条天皇
出典	『礼記』「君臣正、父子親、長幼和、而后礼義立」
勘申者	菅原宣義

◈藤原道長ついに摂政就任

三条《さんじょう》天皇の即位により改元された。三条天皇の皇后のひとりが藤原道長《ふじわらのみちなが》の次女の妍《けん》子《し》で、道長は摂政《せっしょう》・関白《かんぱく》に就任していないものの、事実上の朝廷の最大の有力者だった。三条天皇は親政《しんせい》を望んでいたため、道長と対立したが、長和3（1014）年に片目と片耳を患《わずら》い、道長から退位を求められる。結局、この2年後に一条《いちじょう》天皇の皇子であった敦成親王《あつひらしんのう》が即位して後一条《ごいちじょう》天皇となる。さらに、道長はようやく摂政となった。

また、長和年間にも2度内裏《だいり》が焼失した。一説によれば、当時の内裏の火災多発は、放火を行って火事のどさくさに高価な金品を盗み出す者が相次いだためともいう。

平安時代

寛仁

【かんにん】

期間	元年～5年 1017年5月21日～ 1021年3月17日
天皇	後一条天皇
出典	『会稽記』「寛仁祐云々」
勘申者	藤原広業

◈人生の頂点を極めた藤原道長

後一条《ごいちじょう》天皇の即位により改元。皇后となったのは藤原道長《ふじわらのみちなが》の三女の威子《いし》で、道長は3代の天皇に娘を嫁がせたことになる。

「この世をば　わが世とぞ思ふ　望月《もちづき》の　欠けたることも　なしと思へば」という有名な道長の和歌は、この快挙を喜んで、寛仁2（1018）年に詠《よ》まれた。この翌年には道長は出家し、息子の頼通《よりみち》が関白《かんぱく》となる。

また、寛仁元（1017）年には、道長に仕えていた武人の源頼光《みなもとのよりみつ》が、摂津《せっつ》国（現在の大阪府、兵庫県）の大江山で賊を討伐したという記録がある。後代の『御伽草子《おとぎぞうし》』に記された、源頼光による大江山の鬼（酒呑童子《しゅてんどうじ》）退治はこの話が元になったとの説がある。

平安時代

治安

【じあん】

期間	元年～4年 1021年3月17日～ 1024年8月19日
天皇	後一条天皇
出典	『漢書』「陛下何不壱令臣得孰数之於前、因陳治安策、試詳択焉」
勘申者	三善為政

◎今はなき名刹の法成寺

寛仁《かんにん》5（1021）年は干支《えと》が「辛酉《かのととり》」の年なので、辛酉《しんゆう》革命により改元。勘申者《かんじんしゃ》は参議などを務めた藤原広業《ふじわらのひろなり》とする説もある。

当時、藤原道長《みちなが》は鴨川《かもがわ》の近くに築いた無《む》量寿院《りょうじゅいん》で出家生活を送っていた。治安2（1022）年、無量寿院は法成寺《ほうじょうじ》と名を改められ、金堂《こんどう》の供養《くよう》が盛大に行われる。法成寺は平安時代後期には最大級の寺院だったが、鎌倉時代以降には衰退し、現存しない。

だが、まだまだ道長にも現役意識があったようだ。右大臣を務めた藤原実資《さねすけ》の日記である『小右記《しょうゆうき》』によれば、治安3（1023）年には、頼通が庶務怠慢の部下をとがめなかったため、道長が叱りつけたという。

平安時代

万寿

【まんじゅ】

期間	元年～5年 1024年8月19日～ 1028年8月18日
天皇	後一条天皇
出典	『詩経』「楽只君子、邦家之光、楽只君子、万寿無疆」
勘申者	三善為政

◎藤原氏の有力者たちが退場

治安《じあん》4（1024）年は干支《えと》が「甲子《きのえね》」の年なので、甲子《かっし》革令のため改元された。

藤原道長《ふじわらのみちなが》の長女で一条《いちじょう》天皇の皇后となった彰子《しょうし》は、依然として太《たい》皇太后として宮中に影響力を持っていたが、万寿3（1026）年に出家し、以降は上東門院《じょうとうもんいん》と呼ばれる。

元号の由来となった「万寿無疆」とは、健康でいつまでも長生きすることだ。しかし、万寿4（1027）年には、道長の次女で三《さん》条《じょう》天皇の皇后となった妍子《けんし》が34歳で崩御《ほうぎょ》し、同年中に道長も62歳で没した。

これ以降、藤原氏の女性が入内《じゅだい》しても皇太子となる男児が生まれなくなり、しだいに藤原氏の政治力は低下してゆく。

平安時代

長元【ちょうげん】

期間	元年～10年 1028年8月18日～ 1037年5月9日
天皇	後一条天皇 後朱雀天皇
出典	『六韜』「天之為天、元為天長矣」
勘申者	三善為政

天慶年間以来の関東での反乱

疫病《えきびょう》や熱波が続いたため改元された。出典の一文は『六韜《りくとう》』にないとする説もある。

改元の少し前、下総国《しもうさ》の平忠常《たいらのただつね》が、南の安房国《あわ》（現在の千葉県）の国司《こくし》と衝突して紛争となる。そのまま忠常は房総半島を占領。関東では「平将門《まさかど》の乱」以来の反乱となった。

このため、甲斐《かい》（現在の山梨県）の国司だった源頼信《みなもとのよりのぶ》が追討に派遣される。結局、忠常は頼信に降伏して、長元4（1031）年に乱は平定された。なお、忠常は平将門の孫、頼信は将門の追討に参加した源経基《つねもと》の孫だ。

この「平忠常の乱」は、源氏の関東出身への契機となった。これ以降、地方の治安維持で源氏、平氏の武士が台頭してゆく。

平安時代

長暦【ちょうりゃく】

期間	元年〜4年 1037年5月9日〜 1040年12月16日
天皇	後朱雀天皇
出典	『晋書』「作盟会図・春秋長暦、備成一家之学」
勘申者	藤原義忠

◎天台宗の内部抗争が激化

長元《ちょうげん》9（1036）年には、後一条《ごいちじょう》天皇の崩御《ほうぎょ》により、敦良親王《あつながしんのう》が即位して後朱雀《ごすざく》天皇となっている。このため改元された。

当時、天台《てんだい》宗は比叡山延暦寺《ひえいざんえんりゃくじ》を拠点とする山門《さんもん》派と、近江《おうみ》の園城寺《おんじょうじ》を拠点とする寺門《じもん》派に分裂していたが、長暦2（1038）年、関白《かんぱく》の藤原頼通《ふじわらのよりみち》は寺門派の僧である明尊《みょうそん》を天台宗の座主《ざす》に任命しようとした。このため、延暦寺側の僧が2000人から3000人も平安京《へいあんきょう》の陽明門《ようめいもん》に押しかけて抗議した。

延暦寺で編纂《へんさん》された『扶桑略記《ふそうりゃっき》』によれば、続いて翌年には、延暦寺の僧が頼通の邸宅である高陽院《かやのいん》に放火する事件まで発生。結局、延暦寺の推す教円《きょうえん》が天台座主に就任した。

平安時代

長久

【ちょうきゅう】

期間	元年～5年 1040年12月16日～ 1044年12月16日
天皇	後朱雀天皇
出典	『老子』「天長地久」
勘申者	大江挙周

都のあちこちが炎上

また内裏《だいり》の焼失や災厄が続いたため改元された。このころ、内裏のみならず平安京《へいあんきょう》では放火が横行していたと伝えられる。

長暦《ちょうりゃく》年間に起きた天台《てんだい》宗の山門《さんもん》派と寺門《じもん》派の抗争も収まらなかった。長久2（1041）年、園城寺《おんじょうじ》を中心とする寺門派は、比叡山《ひえいざん》を中心とする山門派とは別個に、出家の儀式を行う戒壇《かいだん》の設立を求めるが、山門派によって反対された。この翌年には、園城寺の円満《えんまん》院《いん》が山門派の僧によって放火される。

さらに、改元後も内裏が炎上。内裏が焼失した間の天皇の仮の住居とされた一条院《いちじょういん》も炎上。ほかにも京都の祇園社《ぎおんしゃ》（八坂《やさか》神社）など、長久年間にはあちこちで火災が起きた。

平安時代

寛徳【かんとく】

期間	元年～3年 1044年12月16日～ 1046年5月22日
天皇	後朱雀天皇 後冷泉天皇
出典	『後漢書』「海内歓欣、人懐寛徳」
勘申者	平定親

荘園整理令を改めて強化

疫病《えきびょう》や干ばつが続いたため改元された。改元の翌年となる寛徳2（1045）年には、後朱雀《ごすざく》天皇が病のため退位し、親仁親王《ちかひとしんのう》が即位して後冷泉《ごれいぜい》天皇となった。それからわずか2日後、後朱雀上皇《じょうこう》は崩御《ほうぎょ》する。

同年には「寛徳の荘園《しょうえん》整理令」が出される。この5年前にも「長久《ちょうきゅう》の荘園整理令」が出されており、これは従来の荘園整理令のように、特定の年以降につくられた荘園を停止するのではなく、地方に新しい国司《こくし》が赴任して以降、その地の荘園を停止するものだった。さらに、寛徳年間には、違反した国司は解任して追放するというきびしい罰則が追加され、これ以降の荘園整理令の基本となる。

平安時代

永承

【えいしょう】

期間	元年〜8年 1046年5月22日〜 1053年2月2日
天皇	後冷泉天皇
出典	『書経』「永承天祚」
勘申者	平定親

末法の世に「前九年の役」勃発

後冷泉《ごれいぜい》天皇の即位により改元された。出典は、『宋書《そうしょ》』の「宜奉宗廟、永承天祚」という一節ではないかとする説もある。

当時、朝廷の権力があまりおよんでいなかった地方では、武装した豪族の武士団が独自の勢力を築きつつあった。こうしたなか、永承6（1051）年、平安時代末期の戦乱の先駆けといえる「前九年《ぜんくねん》の役《えき》」が勃発《ぼっぱつ》する。

このころ東北地方の陸奥《むつ》国では、蝦夷《えぞ》出身の安倍《あべ》氏が一大勢力を築いていたが、そのリーダーの安倍頼良《よりよし》（頼時《よりとき》）が陸奥の国府《こくふ》と衝突した。そこで、朝廷は相模《さがみ》（現在の神奈川県）の国司《こくし》だった源頼義《みなもとのよりよし》を陸奥へ派遣する。頼義は、河内《かわち》国（現在の大阪府）を本拠とした河内源氏の有力な武士で、長元4（1031）年に「平忠常《たいらのただつね》の乱」を平定した源頼信《よりのぶ》の息子だ。

この翌年、安倍頼良は、上東門院《じょうとうもんいん》（藤原彰子《ふじわらのしょうし》）の病気快癒《かいゆ》祈願の恩赦《おんしゃ》により放免され、新しい陸奥国司となった頼義に服従した。反乱は一段落したが、数年を経ずして、安倍頼良の息子の貞任《さだとう》と地元の役人のトラブルから戦乱が再発する。

こうして地方に戦乱が起きる一方、都の人々の間にも、不穏な時代の到来を示すような「末法《まっぽう》思想」が流行していた。仏教では、仏陀《ぶっだ》の死後に正しい教えが行われる「正法《しょうほう》」の時代が500年間続くが、その次に悟りが得られなくなる「像法《ぞうぼう》」の時代が1000年間続き、そのあとは教えの衰退した「末法」の時代が来ると考えられていた。平安時代の仏教界では、永承7（1052）年が末法元年とされている。

このため、阿弥陀仏《あみだぶつ》による極楽往生を求める浄土教《じょうどきょう》などが民衆に広がり、後代の鎌倉時代に発展する浄土宗や浄土真宗《しん》といった新しい仏教の下地となっていく。

かねてより都では疫病《えきびょう》や火災も多発していたため、有力な貴族たちも仏教に救いを求め、多くの寺院が建立《こんりゅう》されている。

関白《かんぱく》の藤原頼通《よりみち》は、永承7年、藤原氏の別邸だった宇治殿《うじどの》を平等院《びょうどういん》という寺院にする。さらに翌年、十円硬貨の図案として有名な鳳凰堂《ほうおうどう》が築かれた。

平安時代

天喜

【てんき／てんぎ】

期間	元年～6年 1053年2月2日～ 1058年9月19日
天皇	後冷泉天皇
出典	『抱朴子』「人主有道、則嘉祥並臻、此則天喜也」
勘申者	平定親

東北での戦乱が再発

天変怪異のため改元されたと伝えられるが、具体的な内容は不明。前年が仏教で「末《まっ》法《ぽう》元年」とされた影響も考えられる。

東北地方では安倍《あべ》氏の反乱が一時的に停戦状態となっていたが、天喜4（1056）年、陸《む》奥《つ》国の役人である藤原説貞《ふじわらのときさだ》の子が何者かに襲われ、安倍氏の有力者だった安倍頼時《よりとき》の息子の貞任《さだとう》に容疑がかかる。

これが発端となり、陸奥国司《こくし》の源頼義《みなもとのよりよし》と安倍氏の衝突が再発した。このとき、源頼義の部下だった藤原経清《つねきよ》は、安倍氏と姻戚《いんせき》関係にあったため、安倍氏側に転じている。天喜5（1057）年、安倍頼時は戦死し、以降は貞任が安倍氏のリーダーを引き継ぐ。

平安時代

康平

【こうへい】

期間	元年～8年 1058年9月19日～ 1065年9月4日
天皇	後冷泉天皇
出典	『後漢書』「文帝寛恵温克、遭世康平」
勘申者	藤原実範

「前九年の役」がやっと決着

天皇が政務を執《と》る大極殿《だいごくでん》（内裏《だいり》の正殿）と、かつて藤原道長《ふじわらのみちなが》が築いた法成寺《ほうじょうじ》が相次いで火災に見舞われたため改元された。

康平3（1060）年ごろ『更級《さらしな》日記』が成立する。菅原道真《すがわらのみちざね》の子孫である菅原孝標《たかすえの》女《むすめ》の自伝で、『源氏物語』を愛読していたなど、当時の貴族女性の生活が記されている。

東北の陸奥《むつ》国で続いていた戦乱は安倍《あべ》氏の優勢が続いた。しかし、康平5（1062）年、陸奥国司《こくし》の源頼義《みなもとのよりよし》は隣国である出羽《でわ》の清原《きよはら》氏を味方に引き入れ、安倍氏の拠点である厨《くりや》川《がわ》に攻勢をかける。死闘の末に安倍貞任《さだとう》は討ち取られ、安倍氏は壊滅した。以降、安倍氏の旧領は清原氏のものとなる。

平安時代

治暦【じりゃく】

期間	元年～5年 1065年9月4日～ 1069年5月6日
天皇	後冷泉天皇 後三条天皇
出典	『尚書正義』「君子以治暦明時、然則改正治暦自武王始矣」
勘申者	藤原実綱

◎藤原頼通がついに関白引退

康平《こうへい》8（1065）年は、陰陽道《おんみょうどう》で「三《さん》合《ごう》」の厄年とされたため改元された。

50年間も摂政《せっしょう》と関白《かんぱく》を務めた藤原頼通《ふじわらのよりみち》は、治暦3（1067）年に76歳という高齢で引退した。翌年に後冷泉《ごれいぜい》天皇も崩御《ほうぎょ》、尊仁親王《たかひとしんのう》が即位して後三条《ごさんじょう》天皇となり、170年ぶりに藤原氏と姻戚《いんせき》関係がない天皇となった。これ以降、藤原氏の政治力は衰えていく。

ちなみに、「前九年《ぜんくねん》の役《えき》」で討伐された安《あ》倍貞任《べのさだとう》の弟である宗任《むねとう》は、朝廷の軍によって捕らえられた後、治暦年間に四国の伊予《いよ》国から九州の筑前大島《ちくぜんおおしま》に移送された。この安倍宗任が、平成時代に内閣総理大臣となった安倍晋三《しんぞう》の遠い先祖だといわれる。

平安時代

延久

【えんきゅう】

期間	元年～6年 1069年5月6日～ 1074年9月16日
天皇	後三条天皇 白河天皇
出典	『書経』「我以道惟安寧、王之徳謀欲延久也」
勘申者	藤原実綱

画期的な「延久の荘園整理令」

後三条《ごさんじょう》天皇の即位にともない改元された。延久元（1069）年には「延久の荘園《しょうえん》整理令」が出される。過去の荘園整理令は地方の国司《こくし》の裁量に任せられていたが、今回は中央が主導した全国的なもので、荘園の公認を審査する記録荘園券契所《けんけいじょ》が新設された。

後三条天皇は親政《しんせい》をめざし、村上《むらかみ》天皇の血を引く源師房《もろふさ》、菅原道真《すがわらのみちざね》以来の漢学の大秀才とされる大江匡房《おおえまさふさ》らを重用《ちょうよう》する。その治世では物価を安定させるための估価法《こかほう》などが導入され、「延久の善政」と呼ばれる。

延久4（1072）年に後三条天皇は退位し、貞仁親王《さだひとしんのう》が即位して白河《しらかわ》天皇となる。この翌年、後三条上皇《じょうこう》は病のため崩御《ほうぎょ》した。

平安時代

承保

【じょうほう／しょうほう】

期間	元年～4年 1074年9月16日～ 1077年12月5日
天皇	白河天皇
出典	『書経』「承保乃文祖受命民」
勘申者	藤原正家

宋から皇帝の贈り物が届く

白河《しらかわ》天皇の即位により改元された。また、延久《えんきゅう》6（1074）年が陰陽道《おんみょうどう》で「三合《さんごう》」の厄年とされたことも理由に挙げられる。

当時、日本と中国大陸の宋《そう》は正式な国交を持っていなかったが、民間の交易や僧の渡航は盛んに行われ、天台宗《てんだいしゅう》の僧の成尋《じょうじん》らが留学していた。承保2年（1075）に成尋の弟子《でし》たちが帰国するおり、宋の神宗《しんそう》皇帝は錦などを贈った。朝廷ではこれを受け取るべきか審議が行われた末に受領する。2年後、審議のうえで宋に返礼品が贈られた。

このとき朝廷が慎重な態度をとったのは、朝廷がみずから大陸の王朝と正式な国交を結ぶと、相手の臣下に入る形になるためだ。

平安時代

承暦

【じょうりゃく／しょうりゃく】

期間	元年～5年 1077年12月5日～ 1081年3月22日
天皇	白河天皇
出典	『維城典訓』「聖人者以懿徳永承暦、崇高則天、博厚儀地」
勘申者	藤原正家

今度は高麗との交渉が浮上

疫病《えきびょう》の流行と干ばつにより改元された。

承暦年間には、先の承保《じょうほう》年間に続いてまた外交問題が浮上する。当時、日本の朝廷は朝鮮半島の高麗《こうらい》とも正式な国交を結んでいなかったが、承暦3（1079）年、高麗から日本に、文宗《ぶんそう》王の病気を治療するため医師を派遣してほしいとの要望が送られた。

朝廷では当初、派遣に応じる意見も出されたが、当時の日本で最高の医学者だった丹波《たんばの》雅忠《まさただ》を国外に出すことへの抵抗や、医師を派遣しても治療の効果がなかった場合の問題などから、最終的には派遣を断っている。

なお、丹波雅忠は永観《えいかん》年間に『医心方《いしんぽう》』を著した丹波康頼《やすより》の曾孫にあたる。

平安時代

永保

【えいほう】

期間	元年〜4年 1081年3月22日〜 1084年3月15日
天皇	白河天皇
出典	『書経』「欽崇天道、永保天命」
勘申者	藤原行家

東北の戦乱再び「後三年の役」

辛酉《しんゆう》革命のため改元された。延暦寺《えんりゃくじ》で編《へん》纂《さん》された『扶桑略記《ふそうりゃっき》』などによると、永保年間に入る前後から、天台宗《てんだいしゅう》の内部では延暦寺を本拠とする山門《さんもん》派と、園城寺《おんじょうじ》を本拠とする寺門《じもん》派の武力衝突が激化している。

一方、東北地方では永保3（1083）年、「前九年《ぜんくねん》の役《えき》」で安倍《あべ》氏を平定した源頼義《みなもとのよりよし》の息子の義家《よしいえ》が陸奥国司《むつこくし》に就任した。

かつての安倍氏の領地を引きついだ清原《きよはら》氏では、一族の長である清原真衡《さねひら》に、家衡《いえひら》と異父兄弟の清衡《きよひら》が敵対して内紛が起きる。国司の源義家は、この争いに清原真衡に味方する形で介入した。こうして「前九年の役」に続く「後三年《ごさんねん》の役」が勃発《ぼっぱつ》する。

平安時代

応徳【おうとく】

期間	元年〜4年 1084年3月15日〜 1087年5月11日
天皇	白河天皇 堀河天皇
出典	『白虎通』「天下太平、符瑞所以来至者(中略)、故符瑞並臻、皆応徳而至」
勘申者	藤原有綱

平安末期の「院政」がスタート

甲子《かっし》革令のため改元された。当時、白河《しらかわ》天皇の次の皇位継承者は、弟の輔仁親王《すけひとしんのう》とされていた。しかし、応徳3(1086)年、白河天皇は自分の息子でまだ8歳の善仁《たるひと》親王を皇太子に立ててから退位した。

すぐさま善仁親王が即位して堀河《ほりかわ》天皇となるが、以降も白河上皇《じょうこう》が後見人として政務を執《と》る。これが、退位後の上皇が実権を握る「院政《いんせい》」の始まりとなり、以降は藤原《ふじわら》氏の摂政《せっしょう》・関白《かんぱく》の政治力が低下していく。

また、同年には藤原通俊《みちとし》らが中心となり、『拾遺《しゅうい》和歌集』以来の勅撰《ちょくせん》和歌集となる『後拾遺和歌集』が成立した。和泉式部《いずみしきぶ》、相模《さがみ》、赤染衛門《あかぞめえもん》らの和歌が収められている。

寛治【かんじ】

平安時代

期間	元年～8年 1087年5月11日～1095年1月23日
天皇	堀河天皇
出典	『礼記』「湯以寛治民、而除其虐、文王以文治、武王以武功、此皆有功烈於民者也」
勘申者	大江匡房

「後三年の役」が決着

堀河《ほりかわ》天皇の即位により改元された。このころ、東北の陸奥《むつ》国では、国司《こくし》の源義家《みなもとのよしいえ》の支援を受けた清原清衡《きよはらきよひら》と、その異父兄弟である家衡《いえひら》および武衡《たけひら》の闘争が続いていた。

寛治元（1087）年、家衡と武衡が討ち取られ、ここに「後三年の役《ごさんねんのえき》」は終結する。この戦乱は朝廷から「私戦」と見なされたため、義家は私費で部下に恩賞を出した。これはかえって、地方の源氏の武士たちの主従の絆《きずな》を強めることになる。

また、清原清衡はもともと「前九年の役《ぜんくねんのえき》」に参加した藤原経清《ふじわらのつねきよ》の息子で、清原氏の養子となっていたが、後三年の役のあとは藤原清衡を名乗り、奥州《おうしゅう》藤原氏を創始する。

平安時代

嘉保【かほう】

期間	元年〜3年 1095年1月23日〜 1097年1月3日
天皇	堀河天皇
出典	『史記』「嘉保太平」
勘申者	大江匡房

美濃国司と延暦寺の僧が衝突

疫病《えきびょう》の流行により改元された。このころ、美濃《みの》国（現在の岐阜県）では、源義家《みなもとのよしいえ》の弟である義綱《よしつな》が国司《こくし》を務めていたが、領内で延《えん》暦《りゃく》寺《じ》の僧徒衆との衝突が起きる。

このため、嘉保2（1095）年、延暦寺の僧徒衆が日吉神社の神輿《みこし》をかついで義綱の解任を求める強訴《ごうそ》（抗議活動）を起こした。以降も延暦寺の僧は朝廷などに抗議活動をするときは神社の神輿をかついで町を練り歩くようになるが、その最初の例とされる。

関白《かんぱく》の藤原師通《ふじわらのもろみち》は義綱を擁護し、延暦寺の僧たちは弾圧されて死傷者が発生した。しかし、この数年後に師通が死去すると、義綱は後ろ盾を失って没落したという。

平安時代

永長【えいちょう】

期間	元年～2年 1097年1月3日～ 1097年12月27日
天皇	堀河天皇
出典	『後漢書』「夾輔王室、尊事天子、享国永長、為後世法」
勘申者	大江匡房

上から下まで田楽が大ブーム

京都から東海地方にかけて大地震が発生し、都では内裏《だいり》の正殿である大極殿《だいごくでん》なども倒壊した。このため改元される。これは改元後の元号から「永長地震」と呼ばれ、マグニチュード8以上だったと推定されている。

永長年間には、庶民から貴族まで田楽《でんがく》に興じた。田楽は、太鼓や笛を鳴らして舞う田植え祭など農耕行事から発展した芸能だ。その流行は政情不安や末法《まっぽう》思想の影響とする説もあるが、堀河《ほりかわ》天皇や白河上皇《しらかわじょうこう》までも侍臣《じしん》に田楽を行わせて観覧した。

正確には、流行のピークは嘉保《かほう》3年中のことだが、当時の暦で年末に改元が行われたため、「永長の大田楽」と呼ばれる。

平安時代

承徳【じょうとく】

期間　元年〜3年　1097年12月27日〜1099年9月15日
天皇　堀河天皇
出典　『易経』「幹父之蠱、用誉承以徳也」
勘申者　藤原敦基

平氏と源氏が上皇に接近

引き続き地震が発生。また洪水や大風などの災害が相次いだため改元された。

この時期、白河上皇《しらかわじょうこう》は愛娘《まなむすめ》の郁芳門院《いくほうもんいん》を亡くしたことをきっかけに、出家して法皇《ほうおう》となっていた。永長《えいちょう》2（1097）年、伊勢平《いせへい》氏《し》の平正盛《たいらのまさもり》は、伊賀《いが》国（現在の三重県）の私領を郁芳門院の菩提所《ぼだいしょ》である六条院御堂《みどう》に寄進した。これを機に、平正盛は白河法皇から重用《ちょうよう》されるようになる。平安時代の最末期に太政大臣《だいじょうだいじん》になった平清盛《きよもり》は、正盛の孫だ。

一方、翌年には、「後三年《ごさんねん》の役《えき》」などで武名を揚げていた源義家《みなもとのよしいえ》が院御所《ごしょ》に上がることを許された。こうして、しだいに平氏と源氏が台頭してゆくことになる。

平安時代

康和【こうわ】

期間	元年～6年 1099年9月15日～ 1104年3月8日
天皇	堀河天皇
出典	『崔寔政論』「四海康和、天下周楽」
勘申者	藤原正家

源義家の不肖の息子が問題に

承徳《じょうとく》3（1099）年のはじめ、京都から畿内《きない》でまたしても大地震が発生。奈良にある興福寺《こうふくじ》の金堂《こんどう》が損壊するなど、相当の被害が生じる。加えて、夏に入ると疫病《えきびょう》が蔓延《まんえん》し、このため改元された。この年頭の地震は、2年前の「永長《えいちょう》地震」の場合と同様に、改元後の元号から「康和地震」と呼ばれる。

当時、源義家《みなもとのよしいえ》の息子の義親《よしちか》は対馬の国司《こくし》を務めていたが、九州で不要な殺人や略奪などの乱行を重ねたため、康和3（1101）年に大宰府《だざいふ》から追討の令が下された。

翌年に源義親は隠岐島《おきのしま》に流されることが決まるが、それに従わずに山陰地方で乱行をくり返し、悪名を轟《とどろ》かすことになる。

平安時代

長治【ちょうじ】

期間	元年～3年 1104年3月8日～ 1106年5月13日
天皇	堀河天皇
出典	『漢書』「建久安之勢、成長治之業」
勘申者	菅原在良　藤原俊信

奥州藤原氏の繁栄が始まる

天変により改元される。このころ、僧や神官の人事などをめぐり、役人と寺社の衝突が相次いだ。長治元（1104）年には、京都にある石清水八幡宮《いわしみずはちまんぐう》、比叡山延暦寺《ひえいざんえんりゃくじ》、越前《えちぜん》国（現在の福井県）にある氣比《けひ》神宮などで、強訴《ごうそ》や国司《こくし》への抗議活動が多発した。

同年秋には、源義家《みなもとのよしいえ》らに、朝廷に抵抗する悪僧の追討が命じられている。

一方、この翌年に東北地方では「後三年《ごさんねん》の役《えき》」のあと勢力を広げた藤原清衡《ふじわらのきよひら》が、陸奥《むつ》の平泉《ひらいずみ》に最初院（中尊寺《ちゅうそんじ》）を建立《こんりゅう》した。のちに、この中尊寺には全面金箔張りの金色堂《こんじきどう》が築かれ、奥州《おうしゅう》藤原氏の栄華を伝える建物としてよく知られるようになる。

平安時代

嘉承
【かしょう】

期間	元年〜3年 1106年5月13日〜 1108年9月9日
天皇	堀河天皇 鳥羽天皇
出典	『漢書』「嘉承天和、伊楽厥福」
勘申者	菅原在良

ナゾの彗星により改元

奇星（彗星《すいせい》）の出現により改元された。嘉承元（1106）年に出現したこの彗星は、海外でも観測されたが、ハレー彗星のような名前はない。単発的なものか、飛来の周期が数百年以上のものと推測されている。

堀河《ほりかわ》天皇は、白河上皇《しらかわじょうこう》に実権を握られていながらも「末代の聖王」と高く評価されているが、嘉承2（1107）年に29歳の若さで崩御《ほうぎょ》してしまった。このため、その長男の宗仁親王《むねひとしんのう》が即位して鳥羽《とば》天皇となる。

同年には、かねてより乱行を重ねていた源義親《みなもとのよしちか》の討伐に平正盛《たいらのまさもり》が派遣される。この翌年に平正盛は源義親を討ち取り、朝廷からの平氏の評価はさらに高まった。

天仁【てんにん】

平安時代

期間	元年～3年 1108年9月9日～ 1110年7月31日
天皇	鳥羽天皇．
出典	『文選』「統天仁風遐揚」
勘申者	大江匡房　菅原在良

大被害を出した浅間山の「天仁噴火」

鳥羽《とば》天皇の即位により改元された。このとき鳥羽天皇はまだ5歳だったので、祖父の白河法皇《しらかわほうおう》が引き続き実権を握り、法皇の権力は堀河《ほりかわ》天皇の時代より強化されていく。

天仁元（1108）年には、上野国《こうずけ》（現在の群馬県）と信濃国《しなの》（現在の長野県）に面した浅間山《あさまやま》が大規模な噴火を起こした。この「天仁噴火」のため、上野国の大部分が火山灰に覆われ、農地に多大な被害が発生する。

この翌年、源義家《みなもとのよしいえ》の息子で河内《かわち》源氏のリーダー後継者とされていた義忠《よしただ》が殺害される。容疑をかけられたのは義家の弟の義綱《よしつな》で、義忠のおいの源為義《ためよし》に追討が命じられた。結局、義綱は捕らえられて佐渡《さど》へ流される。

天永【てんえい】

平安時代

期間	元年〜4年 1110年7月31日〜1113年8月25日
天皇	鳥羽天皇
出典	『書経』「欲王以小民受天永命」
勘申者	大江匡房

◈またも彗星のため改元

4年前の嘉承《かしょう》元（1106）年に続き、また彗星《すいせい》の出現のため改元された。この彗星もまた海外でも観測されているが、天文学上の名前はない。単発的なものか、飛来の周期が極端に長い彗星ではないかと思われる。

延久《えんきゅう》年間（98ページ）に荘園《しょうえん》の整理のため新設された記録荘園券契所《けんけいじょ》は、その後解体されていたが、天永2（1111）年に復活した。これにより、現在の三重県にある伊勢《いせ》神宮の御厨《みくりや》（神社の私有地）が整理される。

また、正確な年代は不明だが、「今は昔〜」という書き出しで知られる古説話集の『今《こん》昔《じゃく》物語集』は、この天永〜保安年間ごろに成立したと推定されている。

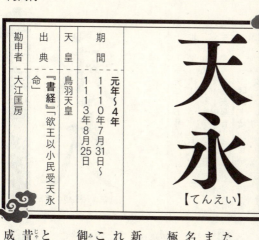

平安時代

永久【えいきゅう】

期間	元年～6年 1113年8月25日～ 1118年4月25日
天皇	鳥羽天皇
出典	『詩経』「来帰自鎬、我行永久」
勘申者	菅原在良

「永久の強訴」に源平の武士が動員

天変地災と疫病《えきびょう》の流行により改元された。

このころ、高位の僧の人事や寺社が私有する荘園《しょうえん》の整理などをめぐって、国司《こくし》や朝廷への強訴《ごうそ》が相次いでいたが、その常連といえば延暦寺《えんりゃくじ》と興福寺《こうふくじ》だ。

永久元（1113）年、興福寺の門徒が、京都清水寺《きよみずでら》の監督者の人事をめぐる問題から「永久の強訴」を起こし、数千人もの門徒衆が都になだれ込もうとした。このため、白河《しらかわ》法皇《ほうおう》は、出羽《でわ》国司の源光国《みなもとのみつくに》、備前《びぜん》国司の平正盛《まさもり》らを都の警護にあたらせた。

これは、法皇が直接に源氏と平氏の武士を動員した最初の事例となり、ますます源平の武士が力を拡大していくことになる。

平安時代

元永

【げんえい】

期間	元年～3年 1118年4月25日～ 1120年5月9日
天皇	鳥羽天皇
出典	――
勘申者	菅原在良

藤原氏の荘園が大量に停止

天変と疫病《えきびょう》の流行により改元された。出典は、『易経《えききょう》』の「比吉原筮元永貞、无咎」という一節ではないかともいわれる。

元永元（1118）年、鳥羽《とば》天皇は16歳になり、権大納言《ごんだいなごん》を務めた藤原公実《ふじわらのきんざね》の娘の待《たい》賢門院璋子《けんもんいんしょうこ》を皇后に迎えた。璋子は幼児期から白河法皇《しらかわほうおう》の養女として溺愛《できあい》されたため、璋子が産んだ顕仁親王《あきひとしんのう》（崇徳《すとく》天皇）は、じつは白河法皇の子ではないかとの噂《うわさ》もある。

この翌年には、関白《かんぱく》の藤原忠実《ただざね》が上野《こうずけ》国に新たに築いた5000町（約50平方キロメートル）の荘園《しょうえん》が、規模の広大さなどから停止された。摂政《せっしょう》・関白を務める藤原氏の政治力の低下を象徴する事態といえる。

平安時代

保安

【ほうあん】

期間	元年～5年 1120年5月9日～ 1124年5月18日
天皇	鳥羽天皇・ 崇徳天皇
出典	―
勘申者	菅原在良

◎4度目で採用された元号

天変と厄運のため改元された。出典は明確ではないが、『旧唐書《くとうじょ》』の「含育九区保安万国」という一節ではないかともいわれる。この「保安」という元号は、天永《てんえい》、永久《えいきゅう》、元永《げんえい》の改元のときにも候補に挙がったという。

保安元（1120）年、かねてより白河法《しらかわほう》皇《おう》と不仲になりつつあった関白《かんぱく》の藤原忠実《ふじわらのただざね》は、天皇に奏上される文書に目を通す内覧《ないらん》の職権を停止される。この翌年、関白は白河法皇の猶子《ゆうし》となっていた藤原忠通《ただみち》に代えられた。法皇の権力のほどがうかがえる。

もとより実権を持たなかった鳥羽《とば》天皇は、保安4（1123）年に退位し、まだ5歳の顕仁親王《あきひとしんのう》が即位して崇徳《すとく》天皇となった。

平安時代

天治
【てんじ】

期間	元年～3年 1124年5月18日～ 1126年2月15日
天皇	崇徳天皇
出典	『易緯』「帝者徳配天地、天子者継天治物」
勘申者	藤原敦光

中尊寺の金色堂が完成

崇徳《すとく》天皇の即位により改元された。政治の実権は、引き続き祖父の白河法皇《しらかわほうおう》が握る。

天治元（1124）年、比叡山延暦寺《ひえいざんえんりゃくじ》で修行した僧の良忍《りょうにん》は、京都で融通念仏《ゆうずうねんぶつ》をはじめた。これは念仏を集団で合唱するもので、新しい大衆的な仏教運動となり、しだいに浄土《じょうど》教《きょう》の一宗派に成長していく。

一方、東北地方の陸奥《むつ》国平泉《ひらいずみ》では、同年に奥州藤原《おうしゅうふじわら》氏が中尊寺金色堂《ちゅうそんじこんじきどう》を完成させた。これは阿弥陀如来《あみだにょらい》を祀《まつ》った黄金ずくめの寺院だ。奥州藤原氏の財力は、平泉を含む北上川流域から採れる砂金に支えられていた。加えて、奥州藤原氏は独自に中国大陸の宋《そう》とも貿易し、アジア各地の品々を集めている。

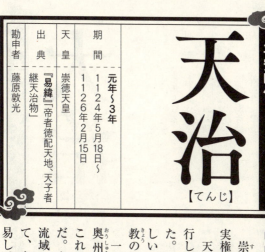

平安時代

大治

【だいじ】

期間	元年～6年 1126年2月15日～ 1131年2月28日
天皇	崇徳天皇
出典	『河図挺佐輔』「黄帝修徳立義、天下大治」
勘申者	藤原敦光

新たに鳥羽院政がスタート

疫病《えきびょう》の流行により改元された。時期は不明確だが、大治元（1126）年かその翌年、『金葉《きんよう》和歌集』が成立する。『古今《こきん》和歌集』から5番目となる勅撰《ちょくせん》和歌集で、白河法皇《しらかわほうおう》の命《めい》を受けた源俊頼《みなもとのとしより》によって編纂《へんさん》された。収録された和歌は700首におよぶ。

じつに43年間にもわたって院政《いんせい》を続けた白河法皇は、大治4（1129）年に77歳という高齢で崩御《ほうぎょ》した。このとき、崇徳《すとく》天皇はまだ11歳だったので、今度は鳥《と》羽《ば》上皇《じょうこう》が実権を握り、引き続き院政を行う。

以降の鳥羽上皇は、祖父である白河法皇と親しい関係だった重臣を排除し、朝廷に自分独自のカラーを定着させようと努める。

平安時代

天承

【てんしょう／てんじょう】

期間	元年～2年 1131年2月28日～ 1132年9月21日
天皇	崇徳天皇
出典	『漢書』「聖王之自為、動静周旋、奉天承親、臨朝享臣、物有節文、以章人倫」
勘申者	藤原敦光

平氏のリーダーが上皇に接近

干ばつなどの天変により改元された。新たな権力者の鳥羽上皇《とばじょうこう》は、天承元(1131)年、かつて白河法皇《しらかわほうおう》と対立して失脚した藤原忠実《ふじわらのただざね》を呼び戻して復権させた。白河法皇のカラーを脱した人事の第一歩といえる。

この翌年には、平正盛《まさもり》の息子の忠盛《ただもり》が得長寿院《とくちょうじゅいん》を鳥羽上皇に寄進する。これは1001体の観音《かんのん》像を安置し、三十三間堂《さんじゅうさんげんどう》と呼ばれたが、後代に忠盛の息子の清盛《きよもり》が後白河《ごしらかわ》法皇に寄進した三十三間堂とは別のものだ。ただし、のちに地震で失われて現存はしない。

平忠盛は、この寄進によって鳥羽上皇に近づき、当時の武士としては珍しく院御所《ごしょ》に上がることを許可された。

平安時代

長承

【ちょうしょう／ちょうじょう】

期間	元年〜4年 1132年9月21日〜 1135年6月10日
天皇	崇徳天皇
出典	『史記』「長承聖治、群臣嘉徳」
勘申者	藤原敦光

上皇の御所が炎上

疫病《えきびょう》の流行と京都の火災のため改元された。この火災は、天承《てんしょう》2（1132）年9月、三条烏丸《からすま》、姉小路《あねこうじ》室町《むろまち》、御倉町《みくらちょう》の3カ所にある鳥羽《とば》上皇《じょうこう》の御所《ごしょ》が焼亡したものだ。

このころ平氏は着々と力をつけつつあった。長承2（1133）年、平忠盛《たいらのただもり》は上皇の指示と称して勝手に宋《そう》の商船を肥後《ひご》国（現在の熊本県）に渡来させ、貨物を収めたという。九州で貿易活動をする場合、大宰府《だざいふ》の政庁を通すことになっていたが、平氏は独自に貿易ルートを開いて富をたくわえていく。

こうした宋との私貿易では、日本から金や硫黄、刀剣、漆器などが輸出され、宋からは陶磁器や織物、書物などが輸入された。

平安時代

保延

【ほうえん】

期間	元年～7年 1135年6月10日～ 1141年8月13日
天皇	崇徳天皇
出典	『文選』「永安寧以祉福、長与大漢而久存、実至尊之所御、保延寿而宜子孫」
勘申者	藤原顕業

飢饉が一因で平氏が躍進

飢饉《ききん》、疫病《えきびょう》の流行、洪水、これらにともなう治安の悪化のため改元された。事態は深刻だったようで、改元の少し前、鳥羽上皇《とばじょうこう》は京中の民に食料などを臨時支給している。

この保延年間に前後する12世紀ごろから飢饉が多発しており、これは当時、気候の寒冷化が起きていたためという説もある。

天災や飢饉により食料事情が悪化する状況下、瀬戸内海では都へ運ばれる物資を狙う海賊が横行した。保延元（1135）年、平忠盛《たいらのただもり》には海賊の追討が命じられる。任務を果たした忠盛は捕らえた賊を連れて都に凱旋《がいせん》し、この功績によって、忠盛の息子で当時18歳の平清盛《きよもり》も従四位下《じゅしいのげ》の地位を得た。

平安時代

永治【えいじ】

期間	元年〜2年 1141年8月13日〜1142年5月25日
天皇	崇徳天皇 近衛天皇
出典	『晋書』「見土地之広、謂万葉而無虞、覩天下之安、謂千年而永治」
勘申者	藤原実光

法皇により3歳の幼帝が即位

辛酉《しんゆう》革命のため改元された。改元の前に鳥《と》羽《ば》上皇《じょうこう》は出家して、翌年に法皇《ほうおう》となる。即位して以来、祖父の白河《しらかわ》法皇と父の鳥羽上皇に実権を握られていた崇徳《すとく》天皇は、すでに23歳になっていた。崇徳天皇は鳥羽上皇の実子ではなく、じつは白河法皇の子ではないかと噂《うわさ》されていたという事情もあり、成長後は鳥羽上皇と不仲になっている。

このため、永治元（1141）年には鳥羽上皇の意向によって、崇徳天皇は退位させられる。続いて近衛《このえ》天皇として即位したのは、崇徳天皇の20歳も年下の弟である体仁親王《なりひとしんのう》だった。鳥羽上皇は引き続き、院政《いんせい》を盤石《ばんじゃく》に固めて実権を握り続けることになる。

平安時代

康治
【こうじ】

期間	元年〜3年 1142年5月25日〜1144年3月28日
天皇	近衛天皇
出典	『宋書』「以康治道」
勘申者	藤原永範

僧兵による騒乱が多発

近衛《このえ》天皇の即位にともない改元された。平安時代も末期のこのころは、僧の武装化がすっかり進んでいる。康治元（1142）年中には、天台宗《てんだいしゅう》の内部で園城寺《おんじょうじ》を中心とする寺門《じもん》派の僧徒が、比叡山《ひえいざん》の延暦寺《えんりゃくじ》を襲って合戦《かっせん》となった。さらに、奈良の興福寺《こうふくじ》に属する悪僧が東北の陸奥《むつ》国に追放された。

当時、平氏の平忠盛《たいらのただもり》が権勢を強める一方で、源氏の源為義《みなもとのためよし》は素行の悪さが原因で出世が遅れていた。だが、為義は先に触れた悪僧の捕縛に関わったことから、しだいに藤原《ふじわら》氏との関係を強めていく。康治2（1143）年以降、為義は、関白《かんぱく》の藤原忠通《ただみち》の弟である頼長《よりなが》に臣従するようになった。

平安時代

天養【てんよう】

期間	元年～2年 1144年3月28日～ 1145年8月12日
天皇	近衛天皇
出典	『後漢書』「此天之意也(中略)、焉有応天養人、為仁為倹、而不降福者乎」
勘申者	藤原茂明

藤原氏に兄弟の因縁が浮上

甲子《かっし》革令のため改元された。藤原《ふじわら》氏では藤原忠通《ただみち》が関白《かんぱく》の地位に就いていたが、その父の忠実《ただざね》は、忠通の弟の頼長《よりなが》のほうを高く評価していた。このため、天養2（1145）年、忠実は、頼長に律令格式《りつりょうきゃくしき》などについての重要な文書である「秘記」を譲る。

こうした事情もあり、しだいに忠通と頼長の対立が浮上してくる。これが後年に起きる「保元《ほうげん》の乱」の一因となった。

また、正確な時期は不明だが、天養年間ごろに『色葉字類抄《いろはじるいしょう》』が成立したといわれる。これは、いろは順に項目が整理された日本語辞書としては最古のもので、平安時代の日常語や漢語が多数収められている。

平安時代

久安

【きゅうあん】

期間	元年～7年 1145年8月12日～ 1151年2月14日
天皇	近衛天皇
出典	『晋書』「建久安於万載、重長世於無窮」
勘申者	藤原永範

平氏と比叡山が衝突

奇星（彗星《すいせい》）の出現により改元された。これは76年周期で飛来するハレー彗星だ。

久安2（1146）年、平忠盛《たいらのただもり》の息子の清《きよ》盛《もり》が、29歳にして安芸国《あき》（現在の広島県）の国司《こくし》となった。この翌年、平忠盛・清盛父子は京都の祇園《ぎおん》臨時祭で乱闘事件を起こす。祇園社を治める比叡山《ひえいざん》の僧たちは、猛烈に抗議して忠盛と清盛の流刑《るけい》を訴えた。だが、清盛は罰金刑だけで許される。平氏と鳥羽法皇《とばほうおう》の深い関係ゆえの采配だった。

また、久安6（1150）年、藤原忠実《ふじわらのただざね》はついに長男の忠通《ただみち》と絶縁し、次男である頼長《よりなが》を藤原氏の次期リーダーとする。かくして、忠通と頼長の対立は決定的になった。

平安時代

仁平

【にんぺい／にんぴょう】

期間	元年～4年 1151年2月14日～ 1154年12月4日
天皇	近衛天皇
出典	『後漢書』「奮既立節、政貴仁平」
勘申者	藤原永範

平清盛が平氏のリーダーに

風水害のため改元された。仁平年間には、崇徳上皇《すとくじょうこう》の命《めい》を受けた藤原顕輔《ふじわらのあきすけ》が撰者となり6番目の勅撰《ちょくせん》和歌集となる『詞花《しか》和歌集』が成立する。大治《だいじ》年間に成立した『金葉《きんよう》和歌集』とは異なり、連歌《れんが》は収録されていない。

仁平2（1152）年、安芸《あき》国を治めていた平清盛《たいらのきよもり》は、同地の厳島《いつくしま》神社を修造する。世界遺産にもなっている厳島神社は、6世紀末に創建されたといわれ、平安時代の末期には平氏の崇敬《すうけい》を集めた。現在よく知られている瀬戸内海に面した豪華な社殿は、清盛が権勢をきわめた仁安《にんあん》年間に築かれたという。

そして仁平3（1153）年には平忠盛《ただもり》が死去し、清盛が平氏のリーダーの地位を継ぐ。

平安時代

久寿【きゅうじゅ】

期間	元年〜3年 1154年12月4日〜 1156年5月18日
天皇	近衛天皇 後白河天皇
出典	『抱朴子』「其業在於全身久寿」
勘申者	藤原永範

不運が続く崇徳上皇

厄運のため改元された。勘申者《かんじんしゃ》は参議の藤原朝隆《ふじわらのともたか》だとされる場合もある。また、出典は『隋書《ずいしょ》』の「基同北辰久、寿共南山長」という一節ではないかともいわれる。

病弱だった近衛《このえ》天皇は、久寿2（1155）年にわずか17歳で崩御《ほうぎょ》してしまった。近衛天皇には子供がなかったので、今度は崇徳上皇《すとくじょうこう》の皇子である重仁親王《しげひとしんのう》が即位すると思われたが、鳥羽法皇《とばほうおう》は崇徳上皇の弟である雅仁《まさひと》親王を即位させて後白河《ごしらかわ》天皇とする。

ずっと鳥羽法皇のもとで無力な立場に置かれてきた崇徳上皇《じょうこう》は、またしても不本意な思いをすることになり、以降は崇徳上皇と後白河天皇の対立がくすぶることになる。

平安時代

保元
【ほうげん】

期間	元年～4年 1156年5月18日～ 1159年5月9日
天皇	後白河天皇 二条天皇
出典	『顔氏家訓』「以保元吉也」
勘申者	藤原永範

「保元の乱」で武士の台頭が決定的に

後白河《ごしらかわ》天皇の即位により改元された。だが、改元からほどなく、後白河天皇の後ろ盾となっていた鳥羽法皇《とばほうおう》が崩御《ほうぎょ》する。

この前後、後白河天皇と崇徳上皇《すとくじょうこう》の間には一触即発の不穏な空気が漂うようになる。

同じころ、藤原《ふじわら》氏でも藤原忠通《ただみち》と頼長《よりなが》の兄弟対立がくすぶっていた。頼長は近衛《このえ》天皇を呪《のろ》い殺したとの噂《うわさ》を流されて立場が不利になっていたため、崇徳上皇を味方につける。一方、忠通は後白河天皇の側についた。

後白河天皇側と崇徳上皇側は、双方とも武力衝突に備えて平氏と源氏の有力な武士を動員する。後白河天皇には平清盛《たいらのきよもり》、源義朝《みなもとよしとも》、源義康《よしやす》らが、崇徳上皇側には清盛のおじの平忠正、源義朝の父の源為義と、源義朝の弟の源為朝らがついた。つまり、平氏と源氏の親族同士が戦うややこしい事態となる。

このとき陣営が平氏と源氏に分かれず、同族同士が敵味方に分かれたのは、当時の有力武士が個人単位で皇族や藤原氏の有力者と主従関係を結んでいたためだ。

かくして、保元元（1156）年7月に、「保元の乱」の火ぶたが切られる。これは、京都市街が舞台となった最初の本格的な戦乱だ。後白河天皇側が夜襲を仕掛け、三方向から崇徳上皇の拠点の白河殿を攻撃した。4時間半ほどの激闘の末、白河殿に火が放たれて後白河天皇側が勝利する。

敗れた崇徳上皇は讃岐国《さぬき》（現在の香川県）に流され、さびしい晩年を送ることになる。また、藤原頼長は逃亡したものの、戦闘で負った傷が原因で死亡した。平忠正と源為義は捕らえられて処刑され、源為朝も伊豆大島《いず》に流され同地で死去する。

この保元の乱によって、藤原氏を中心とした貴族の無力化と、武士の台頭は決定的なものとなった。後白河天皇側についた平清盛は、播磨国《はりま》（現在の兵庫県）の国司《こくし》に、続いて大宰府《だざいふ》の副長官である大宰大弐《だいに》の地位に就く。

そして、後白河天皇は自分の血統を安定させるため、保元3（1158）年に退位して、当時16歳となる息子の守仁親王《もりひとしんのう》を二条天皇《にじょう》として即位させる。

平安時代

平治【へいじ】

期間	元年~2年 1159年5月9日~ 1160年2月18日
天皇	二条天皇
出典	『史記』「天下於是大平治」
勘申者	藤原俊経

平清盛が一人勝ちした「平治の乱」

二条《にじょう》天皇の即位により改元された。だが、事態は出典にあるような「天下大平」とはならず、前代の「保元《ほうげん》の乱」に続いて、今度は「平治の乱」が起きる。

後白河上皇《ごしらかわじょうこう》の古くからの側近のなかでは僧の信西《しんぜい》が有力者だった。この信西は少納言を務めた藤原通憲《ふじわらのみちのり》の出家後の名だ。だが、「保元の乱」のあと、若手の藤原信頼《のぶより》が上皇に気に入られて急速に出世したため、信西と信頼の対立が浮上した。一説によれば、信頼は文武ともに大した才能はなかったが、上皇の愛人(男色の相手)だったともいわれる。

一方、保元の乱で上皇に味方した源義朝《みなもとのよしとも》も、信西と折り合いが悪くなり、信頼と手を結ぶ。さらに、上皇の影響を排して二条天皇の親政《しんせい》をめざす藤原経宗《つねむね》と藤原惟方《これかた》も、かねてより信西と敵対していたため信頼の味方についた。こうして信頼のもとに結集した面々は、上皇と信西に対するクーデターを謀《はか》る。

平治元（１１５９）年12月、信頼らは、上皇が頼りにする平清盛《たいらのきよもり》が熊野三山へ参詣したすきをついて決起し、上皇を幽閉《ゆうへい》して都を制圧した。このとき信西は逃亡したが、のちに発見されて自決する。清盛は急いで都へ引き返して対応にあたった。

清盛はたくみに信頼の陣営から経宗と惟方を味方に引き込み、二条天皇と上皇を脱出させて、その身柄を保護する。かくして「官軍」となった清盛は、源義朝が拠点としていた内裏《だいり》に総攻撃をかけた。義朝の軍勢は京都の六条河原で敗れる。

謀反《むほん》の張本人とされた信頼は、捕らえられて処刑された。義朝は東国《とうごく》に逃亡して一時は尾張《おわり》国の長田忠致《おさだただむね》にかくまわれたものの、忠致の裏切りによって殺される。

さらに、途中から清盛の陣営に寝返った経宗と惟方も上皇に許されず、信西を死に追いやった責任を問われて失脚する。

つまり、この「平治の乱」によって結果的に後白河上皇の周囲にいた有力者のほとんどは共倒れになって消え、いわば清盛の一人勝ちとなる。かくして、清盛を中心とした平氏の権勢が確立された。

平安時代

永暦

【えいりゃく】

期間	元年～2年 1160年2月18日～ 1161年9月24日
天皇	二条天皇
出典	『後漢書』「馳淳化於黎元、永歴世而太平」
勘申者	藤原永範

命拾いした幼少の源頼朝

前年の「平治《へいじ》の乱」のため改元された。軍功を挙げた平清盛《たいらのきよもり》は、永暦元（1160）年に武士では初めて公卿《くぎょう》の列に加わった。

平治の乱には、源義朝《みなもとのよしとも》の三男でまだ13歳の源頼朝《よりとも》も参加していた。頼朝も父と同じく敗戦後に逃亡したが、清盛の異母弟である平頼盛《よりもり》に捕らえられる。しかし、頼盛の母の池《いけの》禅尼《ぜんに》の温情によって助命され、伊豆《いず》に流された。後年、清盛はここで頼朝を生かしておいたことを、大いに後悔することになる。

頼朝の兄弟は逃亡中に殺されるか出家させられたが、生後間もない牛若《うしわか》（源義経《よしつね》）は大和国《やまと》（現在の奈良県）に逃れた。こうして源氏による平氏への逆襲の種がまかれる。

平安時代

応保

【おうほう／おうほ】

期間	元年～3年 1161年9月24日～ 1163年5月4日
天皇	二条天皇
出典	『書経』「已女惟小子、乃服惟弘王、応保殷民」
勘申者	藤原資長

清盛の弟が一時的に失脚

疫病《えきびょう》の流行により改元された。平氏は後白《ごしら》河上皇《かわじょうこう》との関係を深めつつあったが、応保元（1161）年、平清盛《たいらのきよもり》の義弟にあたる時《とき》忠《ただ》と清盛の異母弟の教盛《のりもり》が失脚する。

これは、二条《にじょう》天皇の異母弟で生後間もない憲仁親王《のりひとしんのう》の擁立《ようりつ》を図ったという嫌疑のためだ。憲仁親王の母の滋子《しげこ》は時忠の妹にあたる。

この事件の背景には、後白河上皇と二条《にじょう》天皇の対立があり、時忠と教盛は平氏のなかでもとりわけ上皇と親密な関係だった。

ただし、清盛は二条天皇の側についたので何ら問題視されず、時忠と教盛ものちに復権している。また、憲仁親王はのちの仁安《にんあん》年間に即位して高倉《たかくら》天皇となる。

平安時代

長寛【ちょうかん】

期間	元年～3年 1163年5月4日～ 1165年7月14日
天皇	二条天皇
出典	『維城典訓』「長之寛之、施其功博矣」
勘申者	藤原範兼

悲運の崇徳院が崩御

先の永暦《えいりゃく》年間、応保《おうほう》年間から続く疫病《えきびょう》の流行が収まらないため改元された。

長寛2（1164）年、かつて「保元の乱」で失脚して讃岐《さぬき》国に流されていた崇徳上皇《すとくじょうこう》が崩御《ほうぎょ》した。幼児期から白河法皇《しらかわほうおう》と鳥羽《とば》上皇に実権を握られてきた崇徳上皇の無念は相当なものだったはずで、平安時代の最末期に戦乱や災厄が続くと、菅原道真《すがわらのみちざね》のときのように、崇徳上皇の怨霊《おんりょう》によるものだと噂《うわさ》された。

この直後の時期、平清盛《たいらのきよもり》らの平氏一門は、『法華経《ほけ》』などを書写して安芸《あき》国の厳島《いつくしま》神社に奉納した。当時は神仏習合《しんぶつしゅうごう》が進んでいたため、仏教の経文を神道《しんとう》の神社に奉納するということが珍しくなかったのだ。

平安時代

永万【えいまん】

期間	元年～2年 1165年7月14日～1166年9月23日
天皇	二条天皇 六条天皇
出典	『漢書』「休徴自至、寿考無疆、雍容垂拱、永永万年」
勘申者	藤原俊経

歴代最年少の天皇が即位

改元の理由は、「天子御悩《ごのう》」すなわち二条《にじょう》天皇の病気のためとされる。だが、改元から間もなく、永万元（1165）年7月のうちに二条天皇は23歳の若さで崩御《ほうぎょ》した。

このため、二条天皇の皇子でまだ生後7カ月の順仁親王《のぶひとしんのう》が即位し、六条《ろくじょう》天皇となる。過去にも幼くして即位した天皇はいたが、現在のところ歴代最年少の即位だ。

しかし、後白河上皇《ごしらかわじょうこう》は、自分の皇子で平氏を外戚《がいせき》とする憲仁《のりひと》親王の擁立《ようりつ》を望んでいたため、憲仁親王が皇太子に立てられる。さらに、かつて憲仁親王の擁立を意図したという嫌疑で二条天皇の逆鱗《げきりん》に触れて失脚していた平時《とき》忠《ただ》と平教盛《のりもり》が復権した。

平安時代

仁安

【にんあん】

期間	元年～4年 1166年9月23日～ 1169年5月6日
天皇	六条天皇 高倉天皇
出典	『詩経』「行寛仁安静之政、以定天下、得至於太平」
勘申者	藤原成光

ついに頂点をきわめた平清盛

六条《ろくじょう》天皇の即位により改元された。だが、もともと六条天皇の母は藤原《ふじわら》氏のような上級貴族の出身でもなく、有力な後ろ盾がなかったので、その地位は非常に不安定だった。

仁安2（1167）年、平清盛《たいらのきよもり》はついに律《りつ》令《りょう》官制で最高位の太政大臣《だいじょうだいじん》に就任する。とはいえ、これはあくまで名誉職的なもので、清盛は翌年に出家した。だが、皇族と藤原氏以外でこの地位に就いた例はきわめて少なく、清盛がここまで出世したのは、白河上《しらかわじょう》皇《こう》の落胤《らくいん》だったからだという噂《うわさ》もある。

仁安3（1168）年には、予定調和のように六条天皇は退位させられ、まだ8歳の憲《のり》仁親王《ひとしんのう》が即位して高倉《たかくら》天皇となった。

平安時代

嘉応

【かおう】

期間	元年～3年 1169年5月6日～ 1171年5月27日
天皇	高倉天皇
出典	『漢書』「天下殷富、数有嘉応」
勘申者	藤原資長

平氏が収めた「嘉応の強訴」

高倉《たかくら》天皇の即位により改元された。実権を握る後白河上皇《ごしらかわじょうこう》は、嘉応元（1169）年に出家し、法皇《ほうおう》として院政《いんせい》をしく。

同年には「嘉応の強訴《ごうそ》」が起きた。延暦《えんりゃく》寺《じ》の僧たちが尾張《おわり》国を治める藤原成親《ふじわらのなりちか》と衝突し、成親の流罪を訴えたものだ。後白河法皇はこれを拒否しようとしたが、平清盛《たいらのきよもり》の判断で延暦寺の要望を聞き入れることになる。平氏の政治力を示す事態といえるだろう。

また、この翌年には、歴史物語の『今鏡』が成立したといわれる。成立年代が11世紀中ごろと推定される『大鏡』の続編の形をとり、後一条《ごいちじょう》天皇から高倉天皇まで146年間の人物と出来事が取りあげられている。

平安時代

承安

【じょうあん／しょうあん】

期間	元年～5年 1171年5月27日～ 1175年8月16日
天皇	高倉天皇
出典	『書経』「承文王之意、安定此民也」
勘申者	藤原資長

得意の絶頂となる平氏

災変、厄難により改元された。高倉《たかくら》天皇の元服《げんぷく》にともない、承安2（1172）年に平《たいらの》清盛《きよもり》の娘の徳子《とくこ》（建礼門院《けんれいもんいん》）が皇后となる。かくして、清盛は直接に天皇の外戚《がいせき》となり、平氏と朝廷の関係はさらに深まった。

この年、中国大陸の宋《そう》は後白河法皇《ごしらかわほうおう》に国書と唐物《からもの》を贈り、法皇は宋への返礼を清盛に命じる。これを契機に清盛は宋との公式な交易ルートを開き、多くの富を手にするとともに、宋の貨幣を輸入して流通させることで、日本の商業の発展をうながした。

清盛の義弟である平時忠《ときただ》が「平氏にあらずんば人にあらず」と豪語したのは、この承安年間のころだといわれる。

平安時代

安元

【あんげん】

期間	元年〜3年 1175年8月16日〜 1177年8月29日
天皇	高倉天皇
出典	『漢書』「除民害安元」
勘申者	藤原俊経

都を炎に包んだ「安元の大火」

疱瘡（天然痘）の流行により改元された。比叡山延暦寺《ひえいざんえんりゃくじ》で修行した僧の法然《ほうねん》（源空《げんくう》）は、安元元（1175）年に専修念仏の教えを唱えて浄土宗《じょうどしゅう》を創始した。災厄や戦乱が続いて「末法《まっぽう》の世」と呼ばれていたなか、この新しい宗派は庶民の間に広まっていく。

安元3（1177）年4月には、平安京《へいあんきょう》では空前の大規模な火災となる「安元の大火」が発生する。おりからの強い風によって火が広がり、じつに2万軒以上が焼亡《しょうぼう》。死者は数千人におよんだという。

この大火は「太郎焼亡」とも呼ばれ、のちに鎌倉時代の初期、鴨長明《かものちょうめい》が著した随筆の『方丈記《ほうじょうき》』にも詳しく記されている。

平安時代

治承【じしょう】

期間	元年～5年 1177年8月29日～ 1181年8月25日
天皇	高倉天皇 安徳天皇
出典	『河図挺作輔』「治欽文徳、治承天精」
勘申者	藤原光範

「治承寿永の乱」が始まる

先の「安元《あんげん》の大火」で、大内裏《だいり》の正殿である大極殿《だいごくでん》など多くの建物が焼失したことにより改元された。その後、平安京《へいあんきょう》の大極殿は現在にいたるまで再建されていない。

朝廷の有力者の間では、急速に権勢をきわめる平氏への反発が募り、権大納言《ごんだいなごん》の藤原成親《ふじわらのなりちか》、後白河法皇《ごしらかわほうおう》の近臣だった僧の西光《さいこう》らが、平氏打倒の密議を謀《はか》る。だが、密告によって事態が発覚し、これがきっかけで法皇と平清盛《たいらのきよもり》の仲は険悪になっていった。

こうしたなか、治承3（1179）年11月、清盛はクーデターを起こして法皇を鳥羽殿《とばどの》に幽閉《ゆうへい》する。鎌倉幕府に先立つ史上初の武家政権の誕生だ。さらに翌年、清盛は高倉《たかくら》天皇を退位させ、娘の建礼門院徳子《けんれいもんいんとくこ》が産んだ3歳の言仁親王《ときひとしんのう》を即位させ、安徳《あんとく》天皇とした。

だが、同年5月、法皇の第三皇子だった以仁王《もちひとおう》が平氏の討伐を唱え、摂津《せっつ》を拠点としていた源頼政《みなもとのよりまさ》がこれに応じて挙兵する。こうして「治承・寿永《じゅえい》の乱」と呼ばれた源平の合戦《かっせん》がスタートした。

頼政と以仁王の挙兵は失敗に終わるが、これに続いて、「平治《へいじ》の乱」のあと伊豆《いず》に流されていた源頼朝《よりとも》、奥州《おうしゅう》藤原氏のもとに身を寄せていた源義経《よしつね》、木曾義仲《きそよしなか》こと源義仲など数々の源氏の武士たちが決起した。

頼朝は相模《さがみ》に上陸後、平氏と敵対する関東の有力な武士たちを味方に引き入れ、10月には相模の鎌倉に源氏の拠点を築く。

清盛は頼朝討伐のため、孫の維盛《これもり》を総大将とする2万の軍勢を差し向けた。平氏の軍勢は、現在の静岡県にある富士川《ふじがわ》で頼朝と連携する甲斐《かい》源氏の軍勢を攻撃しようとしたが、水鳥の大群が一斉に飛び立つ音を奇襲と勘違いし、撤退してしまう。

こうして「富士川の戦い」は、源氏が戦わずに勝利した。不利になった平氏は都の貴族や僧たちからも責め立てられ、清盛はやむなく12月に法皇の幽閉を解く。

平氏の命運が尽きるなか、治承5（1181）年閏《うるう》2月に清盛は熱病のために64歳で死去。最期に「頼朝の首を見なかったことだけが無念だ」と語ったといわれる。

平安時代

養和
【ようわ】

期間	元年～2年 1181年8月25日～ 1182年6月29日
天皇	安徳天皇
出典	『後漢書』「幸得保性命、存神養和」
勘申者	藤原敦周

◎戦乱を深刻化させた「養和の飢饉」

安徳《あんとく》天皇の即位により改元された。ただし、安徳天皇を擁立《ようりつ》した平氏と敵対する源氏方はこの元号と次の「寿永《じゅえい》」を用いず、引き続き「治承《じしょう》」の元号を使い続けた。

平清盛《たいらのきよもり》なきあとの平氏は、清盛の三男の宗盛《むねもり》がリーダーとなり、各地での源氏との戦闘を継続した。治承5（1181）年6月、源頼朝《みなもとのよりとも》は後白河法皇《ごしらかわほうおう》に対してひそかに平氏との和睦《わぼく》を進言するが、宗盛は拒否する。

宗盛は強気に出たものの、おりから京都を含めた西日本には「養和の飢饉《ききん》」と呼ばれた大規模な飢饉が起きる。源氏が優勢な東国《とうごく》に対し、近畿や九州では荘園《しょうえん》からの税収が激減して平氏はますます不利になっていく。

平安時代

寿永

【じゅえい】

期間	元年～3年 1182年6月29日～ 1184年5月27日
天皇	安徳天皇 後鳥羽天皇
出典	『詩経』「以介眉寿永言保之、思皇多祐」
勘申者	藤原俊経

◎二人の天皇が並立

かねてよりの戦乱と飢饉《ききん》、そして陰陽道《おんみょうどう》での「三合《さんごう》」の厄年のため改元された。

寿永2（1183）年、源《みなもとの》（木曽《きそ》）義仲《よしなか》は「倶利伽羅峠《くりからとうげ》の戦い」で平維盛《たいらのこれもり》を破り、勢いに乗って京都へ進軍する。平氏はやむなく、安徳《あんとく》天皇とともに西国《さいごく》へと落ちのびた。

平氏が擁立《ようりつ》した安徳天皇がいなくなった都では、法皇《ほうおう》が高倉《たかくら》天皇の皇子であった尊成親王《たかなりしんのう》を即位させて後鳥羽《ごとば》天皇とした。かくして、天皇が同時に二人という事態となる。

法皇は引き続き義仲に平氏の追討を命じるが、義仲は目的を果たせずに引き返し、法皇と対立する。このため、同じ源氏の源頼朝《よりとも》は、弟の範頼《のりより》と義経《よしつね》に義仲を討たせた。

平安時代

元暦

【げんりゃく】

期間	元年～2年 1184年5月27日～ 1185年9月9日
天皇	安徳天皇 後鳥羽天皇
出典	『尚書考霊耀』「天地開闢、元暦紀名、月首甲子、冬至」
勘申者	藤原光範

「壇ノ浦の戦い」で平氏滅亡

後鳥羽《ごとば》天皇の即位にともない改元された。ただし、安徳《あんとく》天皇を奉じる平氏方は、引き続き「寿永《じゅえい》」の元号を使用している。

元暦2（1185）年2月、讃岐《さぬき》国の屋島《やしま》で源義経《みなもとのよしつね》が率いる源氏の軍勢が平氏の軍勢を破り、平氏はさらに西の長門《ながと》国へ逃れた。

同年3月、現在の山口県下関市に近い壇ノ《だんの》浦《うら》で源氏と平氏は最終決戦を迎える。およそ4時間ほどの海戦のすえ、義経を総大将とする源氏の軍勢は平氏を壊滅させた。

平氏の総大将平宗盛《たいらのむねもり》は処刑され、安徳天皇は入水《じゅすい》し崩御《ほうぎょ》したが、その母の建礼門院徳《けんれいもんいんとく》子《こ》は助けられる。このとき皇室の三種の神器《じんぎ》のひとつ、草薙剣《くさなぎのつるぎ》も海に没したといわれる。

鎌倉時代

鎌倉時代

文治

【ぶんじ／もんち】

期間	元年～6年 1185年9月9日～ 1190年5月16日
天皇	後鳥羽天皇
出典	『礼記』「湯以寛治民、文王以文治民」
勘申者	藤原兼光

◈鎌倉時代の始まり

平氏が滅亡したことにより、これからは武力ではなく文治《ぶんち》で世の中を治めるべきだとして改元。他に地震が理由ともいわれる。

ただ、院政《いんせい》を復活させたい後白河法皇《ごしらかわほうおう》と、武士による支配を望む源頼朝《みなもとのよりとも》が対立。平氏討伐に功績のあった義経《よしつね》が頼朝討伐の院宣《いんぜん》を受けたが失敗。頼朝は義経など謀反人《むほんにん》を捕らえる名目で全国に守護《しゅご》・地頭《じとう》を設置し、支配権を確立。実質的な鎌倉時代が到来した。

昔は、「1192《いいくに》つくろう鎌倉幕府」と覚えていたが、現在は1185年説が有力で、「1185《いいはこ》つくろう鎌倉幕府」と覚えられる。

義経は文治5（1189）年、頼朝によって討伐され、奥州藤原氏《おうしゅうふじわらし》も滅亡した。

鎌倉時代

建久【けんきゅう】

期間	元年～10年 1190年5月16日～ 1199年5月23日
天皇	後鳥羽天皇 土御門天皇
出典	**『晋書』**「建久安於万歳、垂長世於元窮」 **『呉書』**「安国和民、建久長之計」
勘申者	藤原光輔

鎌倉幕府成立も前途多難

改元の理由は、陰陽道《おんみょうどう》において災害が多いとされる「三合《さんごう》」の年を控え、実際に大地震なども起こったためだという。出典の意味はどちらも安定した国家建設をめざすものだが、まだ政権は安定したとはいいがたかった。

建久3（1192）年に源頼朝《みなもとのよりとも》が征夷大《せいいたい》将軍《しょうぐん》に任命され、鎌倉に幕府が開かれた。しかし、建久7（1196）年、頼朝と協力関係にあった関白《かんぱく》の九条兼実《くじょうかねざね》が罷免《ひめん》される「**建久七年の政変**」が起きる。頼朝は、娘を入内《じゅだい》させて天皇家とのつながりを強化したが、後鳥羽《ごとば》天皇が上皇《じょうこう》として院政《いんせい》をしくようになり対立。そして、建久10（1199）年に頼朝が病没したことで幕府は危機を迎える。

鎌倉時代

正治

【しょうじ】

期間	元年～3年 1199年5月23日～ 1201年3月19日
天皇	土御門天皇
出典	『荘子』「天子、諸侯、太夫、庶人、此四者、自正治之美也」
勘申者	菅原在茂

源氏将軍家に暗雲

後鳥羽《ごとば》天皇の第一皇子為仁親王《ためひとしんのう》が、わずか3歳で即位して土御門《つちみかど》天皇となる。即位したことによる代始《だいはじめ》として改元。出典の意味は「天子、諸侯、太夫《たいふ》、庶民の四者が、自らの地位を正とするのが治世の美」というもの。武士の権力拡大に対する皮肉のようでもある。

期間は1年10カ月ほどだが、正治元（1199）年の改元前に源頼朝《みなもとのよりとも》が病死したことにより、源頼家《よりいえ》が後継者となる。しかし、18歳で武家の棟梁《とうりょう》となった頼家は、弟の実朝《さねとも》を警戒し、母方の北条《ほうじょう》氏よりも妻の実家である比《ひ》企《き》氏を優遇。頼朝の側近であった梶原景時《かじわらかげとき》を追放するなど横暴な振る舞いが多く、粛清《しゅくせい》や反乱が多発して国内は混乱した。

鎌倉時代

建仁【けんにん】

期間	元年〜4年 1201年3月19日〜 1204年3月23日
天皇	土御門天皇
出典	『文選』「竭智附賢者、必建仁策」
勘申者	藤原宗業

◎続く将軍交代劇

辛酉《しんゆう》革命の年にあたるために改元。出典は、中国の南北朝時代に編纂《へんさん》された詩文集『文選《もんぜん》』の「聖主得賢臣頌」より。賢者の政策は必ず仁によって行うのが真の君主ということ。

前年に粛清《しゅくせい》した梶原景時《かじわらかげとき》の一党による「建仁の乱」を鎮圧し、源頼家《みなもとのよりいえ》は建仁2（1202）年に征夷大将軍《せいいたいしょうぐん》に就任。

しかし、母政子《まさこ》の父の北条時政《ほうじょうときまさ》と、長男一幡《いちまん》の外祖父で舅《しゅうと》にあたる比企能員《ひきよしかず》が対立。即位の翌年に頼家が病に倒れたことで、比企家の力が弱くなり、北条氏の謀略で比企一族は滅亡する。頼家は伊豆《いず》へ追放。翌年、弟の実朝《さねとも》が12歳で3代将軍になり、北条時政が「執権《しっけん》」となって実権を握った。

鎌倉時代

元久

【げんきゅう】

期間	元年〜3年 1204年3月23日〜 1206年6月5日
天皇	土御門天皇
出典	『詩経』「文王建元久矣」
勘申者	藤原親経

北条執権制の始まり

伊豆《いず》に流された源頼家《みなもとのよりいえ》は改元後の7月に暗殺される。改元されたのは、甲子革令《かっし》の年だったからだが、幕府では政変が続いていた。

頼家の祖父でもあった北条時政《ほうじょうときまさ》は、頼家を暗殺すると、政所別当《まんどころべっとう》として源実朝《さねとも》に代わって実権を握り、以後将軍後見《こうけん》職は「執権《しっけん》」と呼ばれることとなる。

時政は対抗勢力となる畠山《はたけやま》氏、大江《おおえ》氏などを排除して北条氏支配の基盤を固めた。しかし、娘婿《むこ》の平賀朝雅《ひらがともまさ》を新将軍として擁立《ようりつ》しようと画策したことで、娘の政子《まさこ》と息子の北条義時《よしとき》と対立。時政は追放処分となり、執権は息子の義時が引き継ぎ、政子と義時姉弟による北条氏支配が確立した。

鎌倉時代

建永

【けんえい】

期　間	元年〜2年 1206年6月5日〜 1207年11月16日
天　皇	土御門天皇
出　典	『文選』「流恵下民、建永世之業」
勘申者	藤原範光

◎鎌倉仏教の隆盛と弾圧

改元の理由には、赤斑瘡《せきはんそう》（麻疹《ましん》）の流行とする説と、摂政《せっしょう》の九条良経《くじょうよしつね》の急死を原因とする説があるが、期間は1年半ほど。

出典は、『文選《もんぜん》』の「曹子建與楊徳祖書」。三国時代、魏《ぎ》の曹操《そうそう》の子で詩聖と呼ばれた曹《そう》植《しょく》が、曹操の家臣で「鶏肋《けいろく》」という言葉をすぐに撤退の意味だと理解したという楊修《ようしゅう》に送った手紙からの引用。どちらも曹家の後継者争いにより粛清《しゅくせい》されている。

建久《けんきゅう》2（1191）年に栄西《えいさい》が臨済宗《りんざいしゅう》を開くなど、この時期は鎌倉仏教が花開いた。なかでも、ただ念仏を唱えるだけという「専修念仏」が人気となったが、仏教の総本山である比叡山延暦寺《ひえいざんえんりゃくじ》はこれを問題視していた。

鎌倉時代

承元

【じょうげん】

期間	元年～5年 1207年11月16日～ 1211年4月23日
天皇	土御門天皇 順徳天皇
出典	『通典』「古者祭以酉時、薦用仲月、近代相承、元日奏祥瑞」
勘申者	藤原資実

◎法然と親鸞の流罪

改元の理由は、三合《さんごう》によるものと、疱瘡《ほうそう》（天然痘）の流行によるものという説がある。

建永《けんえい》から承元へと改元された承元元（1207）年、後に浄土宗《じょうどしゅう》の開祖となる法然《ほうねん》と、その弟《で》子《し》で浄土真《しん》宗を開く親鸞《しんらん》など、専修念仏を教える僧侶たちが一斉に流罪《るざい》となった。これを「承元（建永）の法難」という。

既存仏教からは、専修念仏を危険視する声が高かったが、きっかけは、後鳥羽上皇《ごとばじょうこう》の官女が御所《ごしょ》を抜け出し勝手に出家したことによる。これに激怒した上皇は、関わった僧侶を死罪にし、専修念仏を禁止したうえで法然、親鸞ら主だった僧侶を流罪に処した。法然が許されるのは、建暦《けんりゃく》への改元後となる。

鎌倉時代

建暦

【けんりゃく】

期間	元年～3年 1211年4月23日～ 1214年1月18日
天皇	順徳天皇
出典	『後漢書』「建暦之本、必先立元」 『春秋』「建暦之紀、必先元」
勘申者	藤原資実他

鴨長明の方丈記が成立

土御門《つちみかど》天皇が弟の順徳《じゅんとく》天皇に譲位したことによる改元。文字通り「暦を建てる」こと。後鳥羽上皇《ごとばじょうこう》の院政《いんせい》は続いていた。

改元で恩赦《おんしゃ》を受けた法然《ほうねん》だが、翌年には一枚起請文《きしょうもん》を残して死去。同じく建暦2（1212）年、鴨長明《かものちょうめい》が『方丈記《ほうじょうき》』を記す。

幕府では執権《しっけん》の北条義時《ほうじょうよしとき》と有力御家人《ごけにん》の和田義盛《わだよしもり》が対立。建暦3（1213）年5月、義盛は同属の三浦義村《みうらよしむら》とともに北条氏打倒の兵を挙げ将軍御所《ごしょ》を襲撃（和田義盛の乱）。

しかし、大義名分は将軍実朝《さねとも》を擁する義時にあり、三浦氏が寝返ったことで和田氏は全滅し、乱はわずか2日で終結した。この戦いにより、北条氏の力はさらに強化された。

鎌倉時代

建保【けんぽう】

期間	元年〜7年 1214年1月18日〜 1219年5月27日
天皇	順徳天皇
出典	『書経』「惟天丕建、保乂有殷」
勘申者	藤原宗業

◎源氏将軍家が3代で断絶

『百錬抄《ひゃくれんしょう》』によると、天変地妖（大地震）による改元とある。「惟天丕建」のなかの丕は、大きく立派なことを意味し、立派な国を建てて保つことに通じる。

北条氏《ほうじょう》の傀儡《かいらい》となっていた将軍・源実朝《みなもとのさねとも》は、和歌や蹴鞠《けまり》などに傾倒し、京より『古今《こきん》和歌集』や『万葉集』を取り寄せ、自らも『金《きん》槐《かい》和歌集』をしたためる。官位は右大臣にまで昇ったが、傀儡であることを自覚し、宋《そう》への渡航を計画したが船の座礁により失敗。

そして、建保7（1219）年1月、鶴岡《つるがおか》八幡宮《はちまんぐう》に詣《もう》でたところ、源頼家《よりいえ》の遺児公暁《くぎょう》に襲われて絶命。公暁も討手に斬り殺され、源氏の正嫡《せいちゃく》の血は断絶した。

鎌倉時代

承久【じょうきゅう】

期間	元年～4年 1219年5月27日～ 1222年5月25日
天皇	順徳天皇 仲恭天皇 後堀河天皇
出典	『詩緯』「周起自后稷、歴世相承久」
勘申者	菅原為長

◎朝幕が直接対決した「承久の乱」

改元理由は、干ばつと三合《さんごう》の厄年が重なったためで、出典となった一文は、末長く平和な世が続くことを願ったもの。しかし、この元号の間に3人も天皇が代わることになる。

その原因となったのが、承久3（1221）年に起こった「承久の乱」だ。

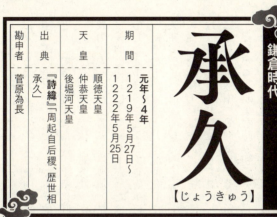

実朝《さねとも》の死により源氏将軍家は途絶えたが、北条義時《ほうじょうよしとき》は将軍位には就かず、天皇家から新たな将軍を迎えようと後鳥羽《ごとば》上皇《じょうこう》に打診するも上皇がこれを拒否したため、今度は摂《せっ》関家《かんけ》から将軍を迎えることを計画。しかし、これも上皇の妨害により交渉は難航する。

そもそも、後鳥羽上皇が皇族将軍の派遣を拒否したのは、倒幕の準備を進めていたからだった。上皇は以前から幕府調伏《ちょうぶく》の祈禱《きとう》なども行っていた。そして、この年5月に入ると、流鏑馬《やぶさめ》の名目で畿内《きない》の武士2000人ほどを集めて京都守護《しゅご》を襲撃。全国に義時追討の院宣《いんぜん》を下して本格的に倒幕の兵を挙げた。ところが、多くの武士にとって院宣の効果は薄く、上皇に呼応したのは西国《さいごく》の一部の武士のみだった。

いっぽう、幕府では、北条政子《まさこ》が頼朝《よりとも》の恩顧《おんこ》を訴え多くの御家人《ごけにん》が集結。義時の長男の泰時《やすとき》を総大将に、東海道、東山道、北陸道の三方から京をめざした幕府軍は、最終的に19万にまで膨れ上がった。大軍を前に上皇はあっけなく降伏し、上皇に呼応した武士は、ことごとく幕府軍によって殲滅《せんめつ》された。

乱そのものは2カ月で沈静化したが、戦後の処置は厳しく、後鳥羽上皇は隠岐《おき》に流罪《るざい》、挙兵に消極的だった土御門《つちみかど》上皇も土佐《とさ》に、仲恭《ちゅうきょう》天皇に譲位して後鳥羽上皇に従った順徳《じゅんとく》上皇は佐渡《さど》に、それぞれ流罪となった。4歳で皇位を継いだ仲恭天皇は、在位2カ月で退位させられた。倒幕軍に加担したとされる公卿《くぎょう》も、多数が鎌倉に送られる途中で処刑され、その領地は幕府方の御家人に分配された。

それから、北条泰時は朝廷を監視するための六波羅探題《ろくはらたんだい》を設置。自身が初代探題となって乱の後処理を行った。以後、朝廷では、皇位継承も元号の制定も幕府の同意が必要となり、鎌倉幕府の権限は大幅に強化された。

鎌倉時代

貞応

【じょうおう】

期間	元年～3年 1222年5月25日～ 1224年12月31日
天皇	後堀河天皇
出典	『易経』「中孚以利貞、乃応乎天穆也」
勘申者	菅原為長

◆幕府の権威が全国に波及

承久《じょうきゅう》の乱の後、幕府により仲恭《ちゅうきょう》天皇が退位させられ、後鳥羽《ごとば》上皇《じょうこう》の兄である守貞親《もりさだしん》王《のう》の三男の茂仁王《とよひとおう》が10歳で後堀川《ごほりかわ》天皇として即位。改元は前年に即位した代始《だいはじめ》によるものだが、後鳥羽上皇の直系が排除され、朝廷の人事も親《しん》鎌倉派で固められた天皇家は、改元にも幕府の許可が必要になった。

元号のもとになった一文にある中孚《ふ》とは「中心の真《まこと》」という意味。本当の真を得るには天の徳こそが大事、といった意味になる。

これまで朝廷の管理下にあった西国《さいごく》には、新たに地頭《じとう》が置かれた。これを新補《しんぽ》地頭といい、頼朝以来の地頭を本補《ほんぽ》地頭という。鎌倉幕府は日本の政治の中心となったのだ。

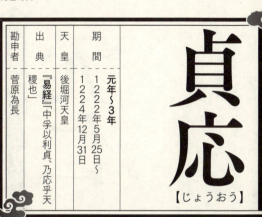

鎌倉時代

元仁【げんにん】

期間	元年～2年 1224年12月31日～ 1225年5月28日
天皇	後堀河天皇
出典	『易経』「元亨利貞、正義曰、元仁也」
勘申者	菅原為長

幕府の怒りで短命元号に

出典にある「元亨利貞《げんこうりてい》」とは、易《えき》において乾《けん》の卦《け》の持つ4つの徳のことで「元」は万物の始まり、「亨」は成長、「利」は開花すること、「貞」は実を結ぶこと。正義のためには元亨利貞が大事で、その大本《おおもと》となるのが仁徳である、といった意味になる。

改元理由は天変炎旱《えんかん》のためだというが、この改元は幕府に無断で行われ、鎌倉に報告が届いたのは翌月だった。これが幕府の怒りを買い、わずか5カ月で新たな改元を行うことになった。

なお、改元前に北条義時《ほうじょうよしとき》が急死したため、北条泰時《やすとき》が三代目執権《しっけん》となり采配。泰時は評《ひょう》定衆《じょうしゅう》を置いたが、重職は北条氏で固められた。

鎌倉時代

嘉禄

【かろく】

期間	元年〜3年 1225年5月28日〜 1228年1月18日
天皇	後堀河天皇
出典	『博物誌』「承皇天嘉禄」
勘申者	菅原在高

傀儡の藤原新将軍誕生

改元後しばらくして北条政子《ほうじょうまさこ》が死去。幕府の精神的支柱を失ったことで、執権《しっけん》の北条泰時《やすとき》は、新将軍として摂関藤原家《せっかんふじわらけ》から、頼朝《よりとも》の遠縁にあたる九条頼経《くじょうよりつね》を招き、空位だった4代将軍の座に就けた。

しかし、頼経はわずか8歳であったため、政務は新たに設けた評定所《ひょうじょうしょ》で、評定衆《ひょうじょうしゅう》の合議により行うこととなった。もっとも、評定衆は北条一族で固められていたため、将軍は飾りで、実質的には北条氏の独裁体制だった。

改元理由も、疫病《えきびょう》の流行とされるが、実際には鎌倉の意向を受けてのもの。天から喜びと禄を承《うけたまわ》るという意味だが、天皇家に力はなく、「これでは軽《かろ》くだ」と嘆く貴族もいた。

鎌倉時代

安貞【あんてい】

期間	元年～3年 1228年1月18日～ 1229年3月31日
天皇	後堀河天皇
出典	『易経』「安貞之吉、応地無疆」
勘申者	菅原資高

天変地異と厄年が同時に

安貞とは「安定」を意味する。自身の徳を信じて悠然としていれば、正しく安心できる良い方向に進むだろうということ。

この年は三合《さんごう》の厄年にあたるが、実際に天変が相次いで作物も不作となり、疱瘡《ほうそう》（天然痘）などの伝染病も流行した。

さらに、奈良の興福寺《こうふくじ》と京の延暦寺《えんりゃくじ》の衆徒が衝突する事案が発生。「南都北嶺《なんとほくれい》」の総本山である両派の争いを鎮圧した六波羅《ろくはら》は、以前から問題視していた高野山《こうやさん》の武装を禁止する措置をとった。

以前は朝廷より鎌倉へ派遣された改元の使者は、このころからまず六波羅探題《たんだい》に行き、六波羅から鎌倉に伝えられる形になった。

鎌倉時代

寛喜【かんき】

期間	元年〜4年 1229年3月31日〜 1232年4月23日
天皇	後堀河天皇
出典	『後魏書』「仁而温良、寛而喜楽」
勘申者	菅原為長

◎願いもむなしく天災続き

安貞《あんてい》年間に天災が続き、ついに飢饉《ききん》に陥ったことから改元が行われた。民が気楽にすごし、穏やかで良い暮らしになることを願ったものだが、その後も異常気象が続いた。

寛喜2（1230）年には、記録的な長雨と冷夏に見舞われ、中部地方では夏に降雪が観測される。さらに、台風による洪水被害が全国で多発し、農作物が大打撃を受ける。

翌年から記録的な大飢饉（寛喜の大飢饉）となり、前年とは正反対の猛暑で死者が続出。大量の難民が京と鎌倉になだれ込んだが、食料は慢性的に不足しており、京の市中には餓死者が放置されたまま腐臭を放った。そこで、再び改元が行われることになる。

鎌倉時代

貞永
【じょうえい】

期間	元年～2年 1232年4月23日～ 1233年5月25日
天皇	後堀河天皇 四条天皇
出典	『周易注疏』「利在永貞、永長也、貞正也」
勘申者	菅原為長

◎武士の法律「御成敗式目」制定

飢饉《ききん》のため、末長い安定を願って改元したものの、餓死者は跡を絶たない状況だった。貞永元（1232）年、後堀河《ごほりかわ》天皇は2歳の四条《しじょう》天皇に譲位。院政《いんせい》を始めるも、幕府に近い摂関家《せっかんけ》により活動は大きく制限された。いっぽう、幕府では武士のための法律「御成敗式目《ごせいばいしきもく》」が制定される。この時期、西《さい》国《ごく》の荘園《しょうえん》領主と地頭《じとう》となった武士の間で訴訟が頻発。ところが、これまで武士には成文法がなかったことから、執権北条泰時《しっけんほうじょうやすとき》は評定《ひょうじょう》衆《しゅう》と51カ条の式目を制定。双方の意見を3度聞く三問三答制度や、御家人《ごけにん》の所領管理や権利などを細かく定めた。この御成敗式目は、元号をとって「**貞永式目**」とも呼ばれる。

鎌倉時代

天福
【てんぷく】

期間	元年～2年 1233年5月25日～ 1234年11月27日
天皇	四条天皇
出典	『書経』「政善天福之」
勘申者	藤原為長

上皇が相次いで崩御する元号

四条《しじょう》天皇の即位を祝って改元。天に福をもたらすというおめでたい元号だが、じつは反対の声も上がっていた。

小倉《おぐら》百人一首の選者として知られる藤原《ふじわらの》定家《ていか》は、唐《とう》の時代に初めて「福」の文字を使った「景福」で大乱があったことから、良くない文字だと主張。大激論が交わされたが、結局、現将軍の藤原頼経《よりつね》の父で、太閤《たいこう》となった九条道家《くじょうみちいえ》の裁定で天福に決まった。

しかし、改元の翌年、承久《じょうきゅう》の乱で退位し、蟄居《ちっきょ》していた仲恭《ちゅうきょう》天皇が17歳の若さで崩御《ほうぎょ》。続いて、院政《いんせい》を始めたばかりの後堀河上皇《ごほりかわじょうこう》が23歳で崩御するなど、天皇家にとってはめでたくない元号となった。

鎌倉時代

文暦

【ぶんりゃく】

期間	元年～2年 1234年11月27日～ 1235年11月1日
天皇	四条天皇
出典	『文選』「皇上以叡文承暦」 『唐書』「掌天文暦数」
勘申者	菅原為長、藤原家光、菅原淳高

改元した直後に火山噴火

後堀河上皇《ごほりかわじょうこう》の崩御《ほうぎょ》のため、院政《いんせい》ができなくなった朝廷は、幼い四条《しじょう》天皇を、鎌倉将軍の父で、天皇の外祖父でもある九条道家《くじょうみちいえ》と、西園寺公経《さいおんじきんつね》が補佐するという体制をとった。改元は後堀河上皇の諒闇《りょうあん》中（喪中）に行われたが、理由は天変地異のためとされる。

しかし、改元した直後、九州の霧島連峰の御鉢《おはち》が大噴火する。御鉢は、皇統の発祥地である霊峰・高千穂峰《たかちほのみね》に連なる側火山《そっかざん》で、有史以来噴火をくり返してきた。「文暦の大噴火」は、記録に残るもののなかでは最大規模。溶岩が流れ出して周辺の寺院の多くが焼失。噴火地点から20キロ先で、60センチもの火山灰が降り積もったという。

鎌倉時代

嘉禎【かてい】

期間	元年～4年 1235年11月1日～ 1238年12月30日
天皇	四条天皇
出典	『北斉書』「蘊千祀彰明嘉禎」
勘申者	藤原頼資

寺社の統制に手をつけた幕府

火山爆発や地震の多発など、天変地異が続いたため改元が行われた。神々の恵みがいつまでも続くようにと願ったものだが、効果のほどはともかく3年以上続いた。

嘉禎2（1236）年4月、お飾りの将軍藤原頼経《ふじわらのよりつね》は、伊豆《いず》の温泉に行く予定だったが、占いの結果が悪いためとりやめている。

いっぽう、政務を行う幕府は、武装蜂起《ほうき》した興福寺《こうふくじ》の衆徒を制圧すると、興福寺の所有していた荘園《しょうえん》を没収して守護《しゅご》・地頭《じとう》を置くなど、寺社の取り締まりを強化した。

ところで、このころ大陸では、チンギス＝ハーンの興《おこ》したモンゴル帝国が、金《きん》を滅ぼし朝鮮半島への進出を始めていた。

鎌倉時代

暦仁

【りゃくにん】

期間	元年〜2年 1238年12月30日〜 1239年3月13日
天皇	四条天皇
出典	『隋書』「皇明馭暦、仁深海懸」
勘申者	藤原経範

2カ月半で消えた最短元号

深い仁徳による明るい治世を願ったものだが、天変による改元とあり、地震や異常気象が続いていたとみられる。

こういった凶事から逃れるためか、浄光《じょうこう》という僧が鎌倉で大仏建立《こんりゅう》を開始した。これが現在も残る鎌倉の大仏。しかし、完成するのはもっと後のことだ。

じつは、暦仁は2年にまたがっているとはいえ、実際には2カ月半しか続かなかったのだ。これは、確認ができている元号のなかで、もっとも期間が短い。短命に終わった理由は、「暦仁」の読みが「略人」（人が略される＝死ぬ）に通じるとして、不人気だったためだという。ただ、公式には変災としている。

鎌倉時代

延応
【えんおう】

期間	元年～2年 1239年3月13日～ 1240年8月5日
天皇	四条天皇
出典	『文選』「廓廟惟清、俊人是延、摺応嘉挙」
勘申者	藤原経範

◎幕府と敵対した後鳥羽上皇没

天変に加えて地震なども多発したための改元だという。出典となったのは、中国南北朝時代に梁《りょう》の昭明太子《しょうめいたいし》が編纂《へんさん》したという『文選《もんぜん》』の巻二十四に収録された「為賈謐《かひつ》作贈陸機」。

作者は西晋《せいしん》時代の文人の潘岳《はんがく》で、政治家の賈謐から庇護《ひご》を受け「後塵《こうじん》を拝す」の故事を生んだ人物。同じく西晋を代表する陸機《りくき》にあてた文で、治世が清く長く保たれることを願ったものだが、潘岳は庇護を失い処刑された。

この延応元（1239）年に、かつて承久《じょうきゅう》の乱で鎌倉幕府と敵対し、敗れて隠岐《おき》に流された後鳥羽《ごとば》上皇《じょうこう》が崩御《ほうぎょ》している。京の都に戻ることを願いながら60歳の生涯を終えたのだった。

鎌倉時代

仁治

【にんじ】

期間	元年～4年 1240年8月5日～ 1243年3月18日
天皇	四条天皇 後嵯峨天皇
出典	『書経』「人君以仁治天下」 『新唐書』「太宗以寛仁治天下」
勘申者	藤原経範、菅原為長

◎次々と改訂される法律

仁治元（1240）年、幕府は御家人《ごけにん》が公《く》卿《ぎょう》や殿上人《てんじょうびと》に所領を譲ることを禁止。前年には地頭《じとう》が僧侶や豪商を代官として重用《ちょうよう》することを禁止するなど、武士以外の者が力を持たぬように気を配っていた。

ところで、仁治3（1242）年、突然の事故により元服《げんぷく》したばかりの四条《しじょう》天皇が崩《ほう》御《ぎょ》する。さらに、3代執権《しっけん》の北条泰時《ほうじょうやすとき》が死去。続いて佐渡《さど》に流されていた順徳上皇《じゅんとくじょうこう》が死去。

そもそも、仁治への改元は、彗星《すいせい》の出現が不吉と思われたことや、天災が重なったためだが、確かに幕府にも朝廷にも不幸が続いた。

出典がふたつあるが、どちらも仁によって国を治めるのが名君ということ。

鎌倉時代

寛元【かんげん】

期間	元年～5年 1243年3月18日～ 1247年4月5日
天皇	後嵯峨天皇 後深草天皇
出典	『宋書』「舜禹之際、五教在寛、元元以平」
勘申者	菅原為長

代替わりの進む幕府と朝廷

後嵯峨《ごさが》天皇の即位による改元だが、即位には紆余曲折《うよきょくせつ》があった。四条《しじょう》天皇の崩御《ほうぎょ》により守貞親王《もりさだしんのう》系が途絶えたため、後鳥羽上皇《ごとばじょうこう》の系統から選ぶことになった。しかし、順徳《じゅんとく》天皇の遺児を望む朝廷に対し、幕府は承久《じょうきゅう》の乱で中立だった土御門《つちみかど》天皇の子である邦仁王《くにひとおう》を推《お》した。結局、幕府が押し切って邦仁王が後嵯峨天皇として即位。天皇は、3年後には譲位して院政《いんせい》を始めるが、即位の恩があるため、鎌倉幕府の意向には逆らえなかった。

なお、鎌倉では4代執権北条経時《しっけんほうじょうつねとき》の病状が悪化したため、弟の時頼《ときより》が5代目執権に就任。将軍も藤原頼経《よりつね》から、わずか6歳の長子頼嗣《よりつぐ》へと代がかわった。

鎌倉時代

宝治【ほうじ】

期間	元年～3年 1247年4月5日～ 1249年5月2日
天皇	後深草天皇
出典	『春秋繁露』「気之清者為情、人之清者為賢、治身者以積精為宝、治国者以積賢為道」
勘申者	藤原経範

反北条の「宝治合戦」で三浦氏滅亡

後深草《ごふかくさ》天皇の即位による改元であったが、その前の寛元《かんげん》4（1246）年、有力御家人《ごけにん》の名越光時《なごえみつとき》が、前将軍の藤原頼経《ふじわらのよりつね》と謀《はか》って、執権北条時頼《しっけんほうじょうときより》の排斥を計画。

以前から有力御家人の間では、執権に対する不満がくすぶっていた。政治は評定所《ひょうじょうしょ》での合議で行うとされるが、執権の権限が大きく、しかも執権は北条一族の惣領《そうりょう》である得宗《とくそう》が世襲するので、実際には北条氏の間で決まったことを伝えられるだけの場だった。頼経も、執権の意向で幼い息子に将軍位を譲らされたのを不満に思っていた。

しかし、この計画は事前に発覚し、名越氏は流罪《るざい》、頼経は京へ送還となった。また、頼経の父の九条道家《くじょうみちいえ》も失脚し、幕府寄りの後嵯峨上皇《ごさがじょうこう》の院政《いんせい》の基盤が強化された。

名越氏が消滅すると、幕府内で北条氏に対抗できるのは、幕府創設以来の有力御家人である三浦《みうら》氏のみとなった。三浦半島一帯を支配する三浦氏と、伊豆《いず》・鎌倉にある北条氏は、互いにけん制しあいながらバランスをとっていた。ところが、当主三浦泰村《やすむら》の弟で対北条強硬派の三浦光村《みつむら》が、新将軍となった頼嗣《よりつぐ》を擁して、前将軍の頼経の鎌倉帰還を計画。いっぽうで、北条側では、北条氏の外戚《がいせき》となっていた安《あ》達《だち》氏が、反三浦の急先鋒《きゅうせんぽう》となって激しく対立していた。

そして、宝治元（1247）年6月、北条氏と三浦氏による武力衝突「宝治合戦《かっせん》」が始まる。この時期、鎌倉では怪異現象が多発しており、世間で不安感が高まっていたことも、両陣営の猜疑心《さいぎしん》を生んだと思われる。三浦氏側には毛利《もうり》氏、関《せき》氏、宇《う》都宮《つのみや》氏など反執権派が味方し、北条側には安達氏や足利《あしかが》氏がついた。北条軍は三浦氏の屋敷を包囲したが、三浦氏側もこれを迎撃。しかし、周囲の屋敷に火を放たれると、屋敷を抜け出して頼朝《よりとも》を祀《まつ》る法華堂《ほっけどう》に逃げ込んだ。そこも包囲されたため、逃げ込んだ500人ほどが全員自決し、合戦は終結した。

この戦いによって、反北条の御家人はほぼ壊滅。朝廷ばかりでなく、幕府内部にも北条氏に対抗できる勢力はなくなった。

建長【けんちょう】

期間	1249年5月2日〜1256年10月24日　元年〜8年
天皇	後深草天皇
出典	『後漢書』「建長久之策」
勘申者	藤原経光

皇族将軍の誕生

宝治合戦《ほうじかっせん》において、三浦《みうら》氏の御輿《みこし》となった5代将軍藤原頼嗣《ふじわらのよりつぐ》は、まだ幼かったため、戦後も将軍として鎌倉に置かれた。

しかし、建長3（1251）年に三浦氏残党の了行《りょうこう》法師、矢作常氏《やはぎつねうじ》らによる謀反《むほん》計画が発覚し、これに関わっていたとして、頼嗣は母とともに京に追放となった。

そこで、新たな将軍として迎えられたのが、後嵯峨《ごさが》天皇の子で、後深草《ごふかくさ》天皇の兄にあたる宗尊親王《むねたかしんのう》だ。後嵯峨天皇の第一皇子でありながら、母の身分が低いため皇位に就けなかった親王の将軍就任は、朝廷にも幕府にも都合がよかった。以後、征夷大将軍《せいいたいしょうぐん》を皇族から出す「宮《みや》将軍」の時代が続くことになる。

鎌倉時代

康元

【こうげん】

期間	元年～2年 1256年10月24日～ 1257年3月31日
天皇	後深草天皇
出典	――
勘申者	藤原経範

出典不明の短命元号

改元理由は赤斑瘡《せきはんそう》（麻疹《ましん》）の流行とされており、執権《しっけん》の北条時頼《ほうじょうときより》も病に倒れ、自身は回復したものの、娘を失っている。

時頼は、引付衆《ひきつけしゅう》などを置いて訴訟問題を担当させるなど、北条氏の独裁政権のなかでも公正化を図ったが、康元元（1256）年に病を理由に出家すると執権を退任。義理の兄にあたり、六波羅探題《ろくはらたんだい》を務めていた北条長時《ながとき》を6代執権の座に就けた。

これは、時頼の嫡子《ちゃくし》の時宗《ときむね》がまだ幼かったことから、代理の執権という要素が強く、退任後も実権は時頼が握った。

元号の出典は不詳ながら、康という字には、「おおらか、すこやか」といった意味がある。

鎌倉時代

正嘉【しょうか】

期間	元年〜3年 1257年3月31日〜 1259年4月20日
天皇	後深草天皇
出典	『芸文類聚』「採秦漢之旧儀、肇元正之嘉会」
勘申者	菅原在章

鎌倉で大地震が発生

足かけ8年続いた建長の後の康元《こうげん》は、わずか5カ月で改元されることになった。理由は、太政官庁《だいじょうかんちょう》や五条殿などが相次いで火災で焼失したため。火災は、当時大きな災厄だった。

次の元号に選ばれたのは、『芸文類聚《げいもんるいじゅう》』に収録された傅玄《ふげん》の詩篇から。傅玄は三国時代から魏《ぎ》に仕えた政治家だが、文人としても名を知られ、数多くの著述を残した。正しい道を行う決意表明といった意味だろう。

正嘉元(1257)年、幕府は全国の地頭《じとう》に、群盗などを取り締まるように通達。正しい政治を行った。いっぽう、同年鎌倉で大地震が発生。諸国では飢饉《ききん》と疫病《えきびょう》により多数の死者が出ることとなった。

鎌倉時代

正元【しょうげん】

期間	元年〜2年 1259年4月20日〜 1260年5月24日
天皇	後深草天皇 亀山天皇
出典	『詩緯』「一如正元、万載相伝、言本正則末理」
勘申者	菅原公良

続く凶事に天皇が譲位

前年から続く飢饉《ききん》と疫病《えきびょう》の流行により改元されたが、一向に事態が収束する気配はなく、諸国では餓死者が続出した。

正しい道はひとつといった意味にとれるが、じつは同じ字を使った元号が中国にもある。三国時代末期、魏《ぎ》の4代皇帝の時代に使われた元号も「正元《せいげん》」といったが、当時はすでに皇帝は司馬《しば》氏の傀儡《かいらい》で、排斥されている。

いっぽうで、日本の朝廷では、院政《いんせい》を続ける後嵯峨《ごさが》上皇《じょうこう》の意向により、後深草《ごふかくさ》天皇が溺愛《できあい》する弟に譲位して亀山《かめやま》天皇の代となった。溺愛する弟のほうに跡を継がせたという形で、これが、今後長期にわたる後深草系（持明院《じみょういん》統）と亀山系（大覚寺《だいかくじ》党）の争いの発端となった。

鎌倉時代

文応

【ぶんおう】

期間	元年~2年 1260年5月24日~ 1261年3月22日
天皇	亀山天皇
出典	『晋書』「大晋之行、戢武興文之応」
勘申者	菅原在章

日蓮が上申した『立正安国論』

亀山《かめやま》天皇の即位による改元。飢饉《ききん》、疫病《えきびょう》の被害はさらに拡大。これに対して文応元(1260)年、日蓮宗《にちれんしゅう》の開祖となる日蓮が、幕府に『立正安国論《りっしょうあんこくろん》』を上申した。

日蓮は法華経《ほけきょう》こそが真理の道とし、他宗派を邪教と主張。正しい教え(法華経)を国教としなければ他国の侵略を招くと訴えた。これが他宗派の反発を招き、浄土宗《じょうどしゅう》の衆徒に自宅を焼き討ちされるという被害に遭う。

この前年、大陸では高麗《こうらい》がモンゴル帝国に降伏。文応元年にチンギス・ハーンの孫のクビライが皇帝となり、勢力を拡大していた。日蓮の予言は、ある部分では的中していたといえる。

鎌倉時代

弘長

【こうちょう】

期間 元年～4年 1261年3月22日～1264年3月27日

天皇 亀山天皇

出典 『貞観政要』「闡治定之規、以弘長世之業者、万古不易」

勘申者 藤原兼光

日蓮の追放と倭寇の横行

辛酉《しんゆう》革命の年にあたるため改元が行われた。唐《とう》の太宗《たいそう》の言葉を記録した『貞観政要《じょうがんせいよう》』から、封建制の重要性を説いたもの。

改元の前年『立正安国論《りっしょうあんこくろん》』を上申した日蓮《にちれん》だが、幕府の実権を握る北条時頼《ほうじょうときより》は、日蓮の政権批判をとがめ、伊豆《いず》伊東へと流罪《るざい》にした。

いっぽう、弘長3（1263）年、高麗《こうらい》から使者が訪れ、沿岸での倭寇《わこう》被害を訴えた。この当時、倭寇は中国や朝鮮半島などの沿岸で悪名を馳《は》せていた。倭寇といっても、すべてが日本人ではなく、大陸沿岸の高麗人や大陸人による略奪行為も含まれる。ただ、封建支配のおよばない海上において、貿易と略奪を生業《なりわい》とする勢力は少なからず存在していた。

鎌倉時代

文永

【ぶんえい】

期間	元年～12年 1264年3月27日～ 1275年5月22日
天皇	亀山天皇 後宇多天皇
出典	『後漢書』「漢四百有六載、撥乱反正、統武興文永惟祖宗之洪業、思光啓万嗣」
勘申者	菅原在章

執権北条時宗が蒙古と対峙

甲子《かっし》革令にあたるため改元が行われ、文永元（1264）年には、病の篤《あつ》い長時《ながとき》に代わって北条政村《ほうじょうまさむら》が7代執権《しっけん》となる。政村は2代執権北条義時《よしとき》の五男にあたるが、嫡流《ちゃくりゅう》の時宗《ときむね》が成長するまでの臨時執権だった。

得宗家《とくそうけ》の惣領《そうりょう》である時宗は、14歳の若さで執権に次ぐ地位の連署《れんしょ》となって政村を補佐。将軍である宗尊親王《むねたかしんのう》が謀反《むほん》を企《たくら》んだとして、京への追放処分と、3歳の長男・惟康《これやす》親王の7代将軍就任などに関わった。

そして、文永5（1268）年、高麗《こうらい》よりモンゴル帝国の国書が届けられ、幕府はようやくモンゴル（蒙古《もうこ》）の存在を知る。とはいえ、異国の情報は少なく、しかも内容が服属を求めるものだったことから、幕府では対応を協議。

そして、18歳の時宗が執権の座に就くと、主に九州の御家人《ごけにん》に警戒を呼びかけるいっぽうで、モンゴル帝国からの国書そのものは朝廷にたらい回しにした。

その後も、モンゴル帝国は何度も使者を派遣したが、時宗は徹底的に無視を決め込み、朝廷からの返書すら渡さなかった。いっぽうで、高麗の反蒙古勢力の三別《さんべつ》抄《しょう》からの協力要請も無視。その間に、異国警固番役《いこくけいごばんやく》を設置して博多の防備を固めた。

そして、文永11（1274）年、元《げん》と高麗の連合軍約3万余りが、約900隻の艦隊を連ねて日本への侵攻を開始。この蒙古襲来は「元寇《げんこう》」と呼ばれるが、当時はまだこの呼称は使われず、**「文永の役《えき》（文永合戦《かっせん》）」**と呼ばれていた。

元軍は対馬、壱岐の両島を征圧すると、肥前松浦《ひぜんまつら》から博多に進出。日本は、九州の後家人を中心に迎え撃ったが、平安以来の武士の戦いの作法がまったく通じない異国の軍に圧倒されるばかりだった。また、「てつはう」という火薬を用いた武器の轟音《ごうおん》により、馬も人も大きく戦意をくじかれた。

しかし、日本軍が大宰府《だざいふ》まで後退すると、元軍は攻め込むことなく撤退していった。これは、台風によって被害を受けたためといわれるが、詳細は不明。食料不足や遠征疲れなど諸説あるが、日本では「神風《かみかぜ》」説が流布《るふ》するきっかけとなった。

鎌倉時代

建治

【けんじ】

期間	元年～4年 1275年5月22日～ 1278年3月23日
天皇	後宇多天皇
出典	『唐記』「明王建邦治民」 『周礼』「以治建国之学」
勘申者	菅原在章、菅原在匡

更なる蒙古襲来への備え

蒙古《もうこ》襲来の直前、朝廷では亀山《かめやま》天皇が後宇《ごう》多《だ》天皇に譲位。元《げん》との外交方針がなかなか定まらなかった一因でもあるが、「文永《ぶんえい》の役《えき》」終結後、新天皇の代始《だいはじめ》として改元された。出典の意味は、どちらも国を建て治めること。

幕府では、建治元（1275）年に再び元から服属を求める使者が訪れたが、北条時宗《ほうじょうときむね》は使者を即座に処刑。再侵攻に備え、九州の防備の強化に着手し、異国警固番役《いこくけいごばんやく》を制度化した。九州の御家人《ごけにん》は、博多湾沿岸に防衛のための石塁《せきるい》を築く役を与えられ、北条一門の北条実政《さねまさ》が九州に赴《おもむ》いて御家人を統率。さらに、中国・四国地方の地頭《じとう》に軍船の建造が命令され、西国《さいごく》の武士には大きな負担となった。

鎌倉時代

弘安

【こうあん】

期間	元年～11年 1278年3月23日～ 1288年5月29日
天皇	後宇多天皇 伏見天皇
出典	『太宗実録』「弘安民之道」
勘申者	藤原茂範

2度目の蒙古襲来と霜月騒動

疫病《えきびょう》による改元といわれ、広く民が安心して暮らせる国づくりをめざした。

しかし、大陸では元《げん》が南宋《なんそう》を滅ぼし、再び日本侵攻を計画。弘安２（１２７９）年、北《ほう》条《じょう》時宗《ときむね》が元の皇帝クビライの使者を処刑したことから、元は併呑《へいどん》したばかりの南宋軍を取り込んで遠征を開始。兵力は朝鮮半島からの東路軍約４万、南宋からの江南軍約10万、軍船は約４４００隻という、海を覆いつくすほどの大軍となった。

弘安４（１２８１）年５月、元の東路軍は対馬、壱岐の両島を攻略、翌６月には博多湾に接近した。しかし、日本も激しい抵抗をみせ、海岸線に築いた石塁《せきるい》により元軍の上陸を阻んだ。文字通り水際の攻防が続いたが、6月に入ると遅れていた江南軍が到着。江南軍は防備の薄かった平戸島を占拠して東路軍と合流し、鷹島《たかしま》沖の海戦を経て、大宰府《だざいふ》への総攻撃の準備に入った。

ところが、博多への総攻撃の前夜、元艦隊は台風に襲われて大被害を受ける。1度目の撤退は台風かどうか不明だが、2度目の台風被害は事実のようだ。元朝側の記録によれば、ほとんどの軍船が、沈没や大破により航行不能に陥ったといい、ただちに撤退を決めた。それでも、帰還できた兵士は全軍の半分に満たなかったという。じつは、東路軍は台風被害を受ける前に疫病に悩まされており、併呑間もない高麗《こうらい》と南宋の兵が主体だったことから、戦意にも乏しかった。

こうして、日本が他国に侵略される危機は免《まぬが》れた。しかし、元による3度目の侵攻の危険性があるため、西国の御家人《ごけにん》は防備のために大きな負担を強《し》いられた。

弘安7（1284）年に、時宗が病で急死し、息子の貞時《さだとき》へと執権《しっけん》の座が移った。ちなみに貞時はこのとき14歳だが、北条得宗家《とくそうけ》の権力基盤は磐石《ばんじゃく》だった。こうしたなか、将軍の臣下である御家人よりも、得宗家の家臣である御内人《みうちびと》のほうが上位に立つという風潮が生まれた。そして、御内人の平頼綱《たいらのよりつな》が、有力御家人の安達泰盛《あだちやすもり》を滅ぼすという「霜月《しもつき》騒動」が発生し、御家人たちの不満が高まることとなった。

鎌倉時代

正応

【しょうおう】

期間	元年～6年 1288年5月29日～ 1293年9月6日
天皇	伏見天皇
出典	『毛詩註』「徳正応利」
勘申者	菅原在嗣

両統迭立の始まり

弘安《こうあん》10年（1287）年に即位した伏見《ふしみ》天皇の代始《だいはじめ》として改元。意味は徳が正《まさ》に大事ということだが、伏見天皇は後宇多《ごうだ》天皇の子ではなく、89代後深草《ごふかくさ》天皇の皇子だった。

そもそも、後深草天皇が弟の亀山《かめやま》天皇に譲位したのは、父の後嵯峨《ごさが》上皇《じょうこう》によるもので、後深草天皇は不満を抱いていた。そこで、後深草天皇の持明院《じみょういん》統は、亀山天皇の大覚寺《だいかくじ》統に働きかけ、伏見天皇を亀山天皇の養子として後宇多天皇から譲位を受けることに成功。以後、ふたつの家系から交代で天皇を輩出する「両統迭立《てつりつ》」の基礎が固まる。

いっぽう、幕府では成長した惟康親王《これやすしんのう》を追放し久明《ひさあき》親王を8代将軍に迎えた。

鎌倉時代

永仁【えいにん】

期間	元年～7年 1293年9月6日～ 1299年4月25日
天皇	伏見天皇 後伏見天皇
出典	『晋書』「永載仁風、長撫無外」
勘申者	菅原在嗣

債務免除の徳政令が発布

同年春に鎌倉で大地震が発生したための改元。この地震は正応《しょうおう》のころに起こったが、「永仁の鎌倉地震」とも呼ばれる。建長寺《けんちょうじ》など多数の神社仏閣が倒壊し、大量の死者が発生。さらに地震の混乱を利用した反乱まで起きた。その後の干ばつなども心配されたが、幕府は困窮する御家人《ごけにん》の救済のため、永仁5（1297）年に債務を無効化する徳政令《とくせいれい》を発布。これは日本で最初の徳政令として「永仁の徳政令」といわれる。

じつは、永仁2（1294）年、幕府は資金難により、蒙古《もうこ》襲来での論功行賞を打ち切っていた。徳政令は、その不満をやわらげるための、代替措置だったともいえるだろう。

鎌倉時代

正安

【しょうあん】

期間	元年～4年 1299年4月25日～ 1302年12月10日
天皇	後伏見天皇 後二条天皇
出典	『周書』「君正安其身」
勘申者	菅原在嗣

天皇の交代制は前途多難

後伏見《ごふしみ》天皇の即位による改元。先代の伏見天皇は、自分の子である後伏見天皇に譲位したが、これに後宇多《ごうだ》天皇の大覚寺統《だいかくじ》が反発。この争いに幕府が介入し、後伏見天皇は在位3年足らずで、後二条《ごにじょう》天皇に譲位することになった。後二条天皇は、後宇多天皇の第一皇子だったため大覚寺統が再び力を持った。

両統迭立《てつりつ》の重要な点は、天皇の即位よりも上皇《じょうこう》の存在にあった。朝廷において政務を執《と》るものを「治天《ちてん》の君《きみ》」というが、鎌倉時代は上皇が治天の君となって院政《いんせい》をしくのが通例だった。しかし、院政は天皇の血縁者でなければならず、血統の違う天皇では院政ができないという問題があったのだ。

鎌倉時代

乾元
【けんげん】

期間	元年～2年 1302年12月10日～ 1303年9月16日
天皇	後二条天皇
出典	『易経』「大哉乾元、万物資始、乃統天」
勘申者	菅原長成

御家人の不満が蓄積

後二条《ごにじょう》天皇の即位による改元。「大いなるかな乾元、万物資《と》りて始む、すなわち天を統《す》ぶ」と読み、乾元とは万物の原理ともいえる天の意思。日本に攻め込んだ元《げん》帝国の国号も、ここから採られたといわれる壮大な元号だ。

このころ、御家人《ごけにん》の不満はさらに高まっていた。執権《しっけん》は10代北条師時《もろとき》に移っていたが、そもそも幕府と御家人の関係は「御恩《ごおん》」と「奉公《ほうこう》」で結ばれ、御家人の働きに対して「新恩《しんおん》給与」として与えられるものだった。しかし、元との戦いは、守るだけで領地が増えず、与える領地がなかった。徳政令《とくせいれい》も商人の貸し渋りを招くことになり、効果が薄かったことから、貧乏御家人はさらに困窮した。

鎌倉時代

嘉元【かげん】

期間	元年～4年 1303年9月16日～ 1307年1月18日
天皇	後二条天皇
出典	『芸文類聚』「賀老人星表曰、嘉占元吉、弘無量之祐、隆克昌之祚、普天同慶、率土合歓」
勘申者	菅原在嗣

北条一門同士が突如の乱闘

前年には鎌倉で死者500人という大火災が発生し、彗星《すいせい》などの出現が不吉と考えられたことから、改元が行われた。

嘉元3（1305）年4月、執権《しっけん》を退いた北条貞時《ほうじょうさだとき》の屋敷で火災があったが、その翌日に連署《れんしょ》であった北条時村《ときむら》の屋敷が襲われ、時村を含めた50人あまりが惨殺される。

犯人とされたのは、越訴頭人《おっそとうにん》と得宗家《とくそうけ》執事を務める北条宗方《むねかた》で、翌月には幕府の討手が宗方邸に押し寄せ、宗方一族を殲滅《せんめつ》した。これを「嘉元の乱」という。一門同士の殺し合いは、当初は庶流《しょりゅう》の宗方が、執権の座を狙ったものとされたが、宗方は貞時の命《めい》で時村を討っており、貞時の陰謀ともいわれている。

鎌倉時代

徳治

【とくじ】

期間	元年~3年 1307年1月18日~ 1308年11月22日
天皇	後二条天皇 花園天皇
出典	『書経』「俊徳治能之士並在官」 『左伝』「能敬必有徳徳以治民」 『後魏書』「明王以徳治天下」
勘申者	菅原在嗣、藤原淳範

混迷する両統迭立

天変地異による改元だったが、徳治3（1308）年に、後二条《ごにじょう》天皇が急病で崩御《ほうぎょ》してしまい、皇位は立太子されていた持明院《じみょういん》統の花園《はなぞの》天皇に移った。花園天皇は後伏見《ごふしみ》天皇の弟で、院政《いんせい》は父の伏見上皇《ふしみじょうこう》がとった。

持明院統の直系に順番が回らなかったのは、子がいなかったことと、さらに皇統が分裂することを避ける狙いがあったようだ。

両統迭立《てつりつ》は、制度として確立したわけではなかったため、その都度もめていた。南北分裂の火種はすでにくすぶっていたのだ。

ちなみに、元号の出典が複数あるが、徳によって国を治めるというのは儒教の基本思想でもあり、多くの書に残されている。

鎌倉時代

延慶

【えんぎょう／えんけい】

期間	元年～4年 1308年11月22日～ 1311年5月17日
天皇	花園天皇
出典	『後漢書』「以功名延慶于後」
勘申者	藤原俊光

◈淡々と続く政権交代

花園《はなぞの》天皇の即位による改元だが、幕府でも同時に将軍の交代が行われた。北条《ほうじょう》氏によって久明親王《ひさあきしんのう》が解任され、その子の守邦《もりくに》親王が8歳で9代将軍の座に就く。

先々代の惟康《これやす》親王まで、宮《みや》将軍は北条氏から追放という形で京に送り返されていた。しかし、久明親王は傀儡《かいらい》の将軍という立場をわきまえ、和歌などに興じて北条氏にも扱いやすい将軍だったことから、京都に帰されても幕府との関係は良好だったようだ。むしろ、北条一族の権力争いのほうが激化していた。

ちなみに、元号は『後漢書《ごかんじょ》』列伝のなかの「馬武《ばぶ》伝」から採られている。

鎌倉時代

応長【おうちょう】

期間	元年〜2年 1311年5月17日〜 1312年4月27日
天皇	花園天皇
出典	『旧唐書』「応長暦之規、象中月之度、広綜陰陽之数、傍通寒暑之和」
勘申者	菅原在兼

北条得宗家の弱体化

疫病《えきびょう》の流行による改元だったが、応長元（1311）年、執権《しっけん》であった北条師時《ほうじょうもろとき》が病死したため、嘉元《かげん》の乱で宗方《むねかた》を討ち、連署《れんしょ》となっていた北条宗宣《むねのぶ》が11代執権となった。

宗宣は2代執権の義時《よしとき》の弟の時房《ときふさ》までさかのぼる大仏《おさらぎ》氏を名乗る北条氏の傍流《ぼうりゅう》だった。幕府の要職には就くものの、得宗家《とくそうけ》にあり大きな権力を持っていた9代執権の貞時《さだとき》と敵対し、執権の座からは遠い存在であった。

しかし、そのころ貞時は病が篤《あつ》く、師時の後を追うように亡くなったことから執権の座を得た。ただ、晴れて執権の座に就いたものの、幕府の実権は、北条得宗家の執事である御内人《みうちびと》の長崎円喜《ながさきえんき》が握っていた。

鎌倉時代

正和【しょうわ】

期間	元年～6年 1312年4月27日～ 1317年3月16日
天皇	花園天皇
出典	『唐記』「皇帝受朝奏正和」
勘申者	菅原在輔、藤原種範、菅原在兼、菅原在登

◈めまぐるしく変わる執権

傍流《ぼうりゅう》から執権《しっけん》となった北条宗宣《ほうじょうむねのぶ》だが、1年もたたずして辞任に追い込まれ、7代執権の政村《まさむら》系の熙時《ひろとき》が、12代執権となる。ところが、正和4（1315）年に熙時が病に倒れると、さらに傍流の基時《もととき》が13代執権に就任。しかし、わずか1年で得宗家《とくそうけ》の9代貞時《さだとき》の三男である高時《たかとき》に執権の座を明け渡した。

結局、執権の地位は得宗家に戻ったが、この交代劇を主導したのが、得宗家の御内人《みうちびと》で、内管領《うちのかんれい》と呼ばれる長崎円喜《ながさきえんき》だ。長崎は、貞時から高時の後見をまかされており、高時が執権に就くまで実権を握り、その後も権勢を誇った。将軍を傀儡《かいらい》とする執権の北条得宗家が、長崎氏の傀儡となっていた。

鎌倉時代

文保

【ぶんぽう】

期間	元年～3年 1317年3月16日～ 1319年5月18日
天皇	花園天皇 後醍醐天皇
出典	『梁書』「姫周基文、久保七百」
勘申者	菅原在輔

◎後醍醐天皇の即位

正和《しょうわ》5（1316）年の6月に地震が群発し、7月には大型の地震が発生したことから、翌年改元が行われた。

花園《はなぞの》天皇の在位は9年になり、近年の天皇のなかでは久々に長期間の在位だった。しかし、花園天皇に実権はなく、父の伏見上皇《ふしみじょうこう》が院政《いんせい》をしいており、父が出家した後は、兄の後伏見《ごふしみ》上皇が院政を引き継いだ。

このとき、花園天皇の皇太子とされていたのは、先代の後二条《ごにじょう》天皇の皇子ではなく、弟の尊治親王《たかはるしんのう》（後醍醐《ごだいご》天皇）だった。後二条天皇の皇子が幼かったこともあるが、尊治親王は花園天皇よりも9歳上だった。

そんななか、なかなか皇位を譲ろうとしな

い持明院《じみょういん》統に対し、大覚寺《だいかくじ》統から不満の声があがる。交代制とはいえ、一方の期間が長ければ、尊治親王が即位してもすぐに交代させられる可能性がある。

そこで、幕府が介入し、それぞれの両統と協議した結果、皇位は最長10年で交代という方針が固められた。この取り決めを「**文保の和談**」という。じつは、慣例となっていた両統迭立《てつりつ》が、正式に認められたのはこのときからだった。そして、花園天皇が在位10年を迎えた文保2（1318）年、譲位を受けて後醍醐天皇が即位。30歳を過ぎての皇位継承は、71代後三条《ごさんじょう》天皇以来、じつに250年ぶりだった。

ただ、この両統迭立の幕府方針はほとんど効果がなく、現在では同意の事実も疑わしいとされる。というのも、後醍醐天皇は父の後宇多《ごうだ》天皇の院政を受け、兄の後二条天皇の皇子を皇太子とし、その次は持明院統の後伏見天皇の子（後の光厳《こうごん》天皇）を皇位に就けるという方針で固められていた。しかし、後醍醐天皇は、自分の子に皇位継承権がないことを不満に思い、こうした両統迭立の原則を押し付ける幕府にも反感を抱くようになっていた。いっぽうで、持明院統としても、大覚寺統の天皇が2代続くのは好ましくない状況だった。

花園、後醍醐という、両統傍流の皇位継承が続いたこともあり、両統迭立はさらに複雑化していたのだった。

鎌倉時代

元応

【げんおう】

期間	元年〜3年 1319年5月18日〜 1321年3月22日
天皇	後醍醐天皇
出典	『唐書』「陛下富教安人、務農敦本、光復社稷、康済黎元之応也」
勘申者	藤原俊光

全国でくすぶる幕府への不満

後醍醐《ごだいご》天皇が即位したことを受け、代始《だいはじめ》の改元が行われ、後宇多法皇《ごうだほうおう》が院政《いんせい》をしく。

出典は、社会を安定させる方法について述べたものだが、農業に務めるという一節があるように、この時期、二毛作などが行われるようになり、商工業も発展していった。

すると、被支配層の農民などから領主の圧制に反発する声があがり、没落した御家人《ごけにん》が野盗化し、なかには地頭《じとう》や荘園《しょうえん》領主以上に力を持つ勢力も現れた。こうした地方勢力は「悪党」と呼ばれ、全国に広まる。北条執権《ほうじょうしっけん》による支配力が低下していくなか、有力御家人のなかにも幕府に対する不信感が生まれ、さらなる社会不安をあおることになった。

鎌倉時代

元亨

【げんこう】

期間	元年〜4年 1321年3月22日〜 1324年12月25日
天皇	後醍醐天皇
出典	『易経』「其徳剛健而文明、応乎天時而行、是以元亨」
勘申者	藤原資朝

後醍醐天皇親政をめざす

元亨元（1321）年、後宇多法皇《ごうだほうおう》の院政《いんせい》を離れて、後醍醐《ごだいご》天皇の親政《しんせい》が始まった。天皇による直接統治は平安時代の後三条《ごさんじょう》天皇までさかのぼり約250年ぶりだった。

前年には皇太子の後二条《ごにじょう》天皇の皇子邦良《くによし》親王《しんのう》に子が生まれ、譲位を迫られる後醍醐天皇にとって、自身の足場固めは急務だった。

この改元は辛酉《しんゆう》革命のためというが、吉田定房《さだふさ》、北畠親房《ちかふさ》、洞院公賢《とういんきんかた》といった公卿《くぎょう》たちからは批判を受けた。このため、徳政《とくせい》推進のための改元を進言したという説もある。

「その徳剛健にして文明、天に応じて時に行く、ここを以《もっ》て大いに亨《とお》る」とは、剛健で開明的な徳が天下に満たされていくこと。

鎌倉時代

正中

【しょうちゅう】

期間	元年～3年 1324年12月25日～ 1326年5月28日
天皇	後醍醐天皇
出典	『易経』「見龍在田利見大人、何謂也、子曰、龍徳而正中者也、又曰、需有孚、元亨、貞吉位乎天位、以正中也」
勘申者	藤原有正

天皇による倒幕計画発覚

甲子《かっし》革令による改元だが、大風水害の記録もある。竜のように大きな徳を持つものが正しく中道《ちゅうどう》を歩くものだということ。また、別の一説にも、光に亨《とお》り、貞《てい》を吉とする天位にあるものこそ正しいという意味の卦《け》がある。

果たして、後醍醐《ごだいご》天皇の判断が正中を行くものだったろうか？　元亨《げんこう》4（1324）年に後宇多《ごうだ》法皇《ほうおう》が崩御《ほうぎょ》、後醍醐天皇は邦良親王《くによししんのう》への譲位を迫られた。

この方針は、幕府も持明院《じみょういん》統も認めたものだが、天皇親政《しんせい》をめざす後醍醐天皇にとっては納得できないもので、側近の日野資朝《ひのすけとも》、日野俊基《としもと》らと謀《はか》って倒幕を計画。京都・奈良の大寺院の僧兵や、地方の土豪武士を集め、さらに日野資朝が東国《とうごく》に赴《おもむ》いて、幕府に不満を持つ御家人《ごけにん》にも働きかけた。そして、六波羅探題《ろくはらたんだい》の大仏維貞《おさらぎこれさだ》が鎌倉に向かった留守を狙って倒幕の兵を挙げる。この天皇の呼びかけに畿内《きない》の悪党たちが応じ、さらに土岐頼兼《ときよりかね》、多治見国長《たじみくになが》、土岐頼員《よりかず》らが応じたが、このうちの土岐頼員が、成功の見込みが薄いとして六波羅に密告した。これを「**正中の変**」という。

倒幕計画は露見し、六波羅はただちに兵を発して、上洛《じょうらく》中の土岐頼兼、多治見国長らは激しい戦闘の末に自害に追い込まれる。また、計画の首謀者として日野資朝、日野俊基が捕らえられ、鎌倉に送られた。資朝は後に佐渡《さど》への流罪《るざい》となり、俊基は赦免《しゃめん》されたが、以後は蟄居《ちっきょ》謹慎を余儀なくされた。

ただ、後醍醐天皇にまで処分はおよばなかった。これは、天皇が万里小路宣房《までのこうじのぶふさ》を釈明の勅使として鎌倉に向かわせ、天皇の無実を訴えさせたため。幕府としても、天皇自身が関わっていたとすると大問題になるため、後醍醐天皇は無関係ということでその場を収めようとしたようだ。

ちなみに、正中2（1325）年、幕府は鎌倉大地震による建長寺《けんちょうじ》、勝長寿院《しょうちょうじゅいん》修復の費用調達のため、元《げん》へと貿易船を派遣。これは建長寺船と呼ばれ、貿易のほか、僧侶の留学や、元からの禅僧招聘《しょうへい》にも役立った。

鎌倉時代

嘉暦

【かりゃく】

期間	元年～4年 1326年5月28日～ 1329年9月22日
天皇	後醍醐天皇
出典	『唐書』「四序嘉辰歴代増置宋韻日、暦数也」
勘申者	藤原種範

◎在任期間10日の執権

正中《しょうちゅう》3（1326）年3月、14代執権《しっけん》北条高時《ほうじょうたかとき》が病のため出家することとなり、わずか2歳の邦時《くにとき》を得宗家《とくそうけ》の後継者とした。そこで、邦時が成長するまでの臨時執権として、傍流《ぼうりゅう》の金沢《かねさわ》氏から北条貞顕《さだあき》が就任した。

しかし、高時の弟の泰家《やすいえ》を推《お》す外戚《がいせき》の安達《あだち》氏が反発し、泰家以下、安達氏の関係者が次々と出家してしまう。そのため、貞顕はわずか10日で執権職を辞して出家。報復を恐れて誰もが敬遠するなか、赤橋《あかはし》氏から北条守時《もりとき》が16代執権となった。

この事件は、翌月の改元から「嘉暦の騒動」と呼ばれる。ただ、改元理由は騒動とは関係なく、疫病《えきびょう》と地震のためだった。

鎌倉時代

元徳【げんとく】

期間	元年～3年 1329年9月22日～1331年9月11日（大覚寺統） 1329年9月22日～1332年5月23日（持明院統）
天皇	後醍醐天皇 光厳天皇
出典	『易経』「乾元亨利貞、正義曰、元者善之長、謂之元徳、始生万物」
勘申者	藤原行氏

元号の分裂の始まり

疫病《えきびょう》による改元だが、後醍醐《ごだいご》天皇は倒幕の夢を諦《あきら》めきれず、赦免《しゃめん》された日野俊基《ひのとしもと》や僧の文観《もんかん》らと再び計画を立て、元徳３（１３３１）年に元弘《げんこう》に改元する。しかし、改元後に発覚した倒幕計画により、後醍醐天皇が廃位されたため、幕府では持明院《じみょういん》統の光厳《こうごん》天皇が立てられて、この改元を認めなかった。そのため、後醍醐天皇の大覚寺《だいかくじ》統の元徳は約２年だが、光厳天皇の持明院統にとっての元徳は、正慶《しょうけい》に改元するまでの２年半となる。

南北朝が成立するのは、両統が別々の元号を立てた延元《えんげん》３／暦応《りゃくおう》元（１３３８）年からだが、このころから、南北分裂と元号の並存は始まっていたのだ。

鎌倉時代

元弘

【げんこう】

期間	元年～4年 1331年9月11日～ 1334年3月5日
天皇	後醍醐天皇 光厳天皇
出典	『芸文類聚』「賀老人星表曰、嘉占元吉、弘無量之祐、隆克昌之祚、普天同慶、率土合歓」
勘申者	菅原在淳

◎「元弘の乱」で鎌倉幕府滅亡

疫病《えきびょう》の流行による改元だが、前述したように、改元直後に後醍醐《ごだいご》天皇の倒幕計画が発覚したため、この元号は幕府には認められなかった。しかし、捕らわれる寸前に後醍醐天皇は、三種の神器《じんぎ》を持って京を脱出。笠置山《かさぎやま》にて挙兵した。これを「元弘の乱」といい、後醍醐天皇の皇子である護良親王《もりよししんのう》や、河内国《かわち》の悪党である楠木正成《くすのきまさしげ》らが挙兵した。

しかし、この戦いは幕府の足利高氏《あしかがたかうじ》（のちの尊氏《たかうじ》）、新田義貞《にったよしさだ》らの討伐軍によって鎮圧され、捕らえられた後醍醐天皇は隠岐《おき》に流され、代わって幕府が光厳《こうごん》天皇を即位させた。また、佐渡《さど》に流罪《るざい》となっていた日野資朝《ひのすけとも》も処刑される。

しかし、捕らえられなかった護良親王や楠木正成は、潜伏を続けて機会をうかがい、翌元弘２（１３３２）年に再び決起。楠木正成が籠城《ろうじょう》とゲリラ戦術によって戦いを長引かせている間、後醍醐天皇が隠岐から脱出して、伯耆《ほうき》国（現在の鳥取県）の船上山《せんじょうさん》に入ると、倒幕の綸旨《りんじ》を発した。

これを受けて、幕府の討伐軍に任じられた足利高氏は、幕府に反旗を翻《ひるがえ》すと、近江《おうみ》の佐々木道誉《ささきどうよ》や赤松則村《あかまつのりむら》とともに京の六波羅《ろくはら》に攻め入って攻略。源氏の名門で、幕府内でも有力御家人《ごけにん》であった足利氏が後醍醐天皇側につくと、全国の御家人からも幕府に反旗を翻すものが続出した。なかでも、上野《こうずけ》の新田義貞は、上野国で挙兵すると鎌倉へと進軍を開始。足利高氏の嫡子《ちゃくし》・千寿王《せんじゅおう》を預けられると、瞬《またた》く間に鎌倉に侵攻。義貞が海岸線の稲村《いなむら》ヶ崎《さき》の引き潮を狙って進軍すると鎌倉軍は総崩れとなった。そして、元弘３（１３３３）年５月、東勝寺《とうしょうじ》の合戦《かっせん》において、北条高時《ほうじょうたかとき》以下８００人あまりが自害したことで、鎌倉幕府は終焉《しゅうえん》を迎えた。

また、元弘への改元を認めなかった幕府が倒れたため、後醍醐天皇の改元のほうが正統とされることになった。光厳天皇は、後伏見上皇《ごふしみじょうこう》、花園《はなぞの》上皇らとともに足利高氏に捕らえられており、勝利した後醍醐天皇に従うしかなかったのだ。そして、翌年の建武《けんむ》への改元も認めるしかなかった。

鎌倉時代

正慶

【しょうきょう/しょうけい】

期間	元年～2年 1332年5月23日～ 1333年7月7日
天皇	後醍醐天皇 光厳天皇
出典	『易経』「以中正有慶之徳、有攸往者、何適而不利哉」
勘申者	菅原長員

歴史から消された元号

元徳《げんとく》3（1331）年、元弘《げんこう》への改元を認めなかった幕府では、元徳4／元弘2（1332）年に、持明院《じみょういん》統の光厳《こうごん》天皇の即位のための改元が行われた。

しかし、正慶2／元弘3（1333）年に、後醍醐《ごだいご》天皇が隠岐《おき》から脱出し、鎌倉幕府が滅亡すると、正慶の元号も無効となった。

光厳天皇の即位そのものも否定され、元弘が正式な元号とされる。やがて、後醍醐天皇による親政《しんせい》が始まり、建武と改元されたことで、正慶は消えた元号となったのだ。

ちなみに、出典は、「徳を以《もっ》て中心を歩くことこそ喜ばしいこと」といった意味である。

南北朝時代

南北朝時代

南朝　北朝

建武【けんむ】

期間	元年〜3年（南朝） 1334年3月5日〜 1336年4月11日（南朝・大覚寺統） 元年〜5年（北朝） 1334年3月5日〜 1338年10月11日（北朝・持明院統）
天皇	後醍醐天皇 光厳天皇 光明天皇
出典	『後漢書』
勘申者	藤原藤範

崩壊した「建武の新政」

後醍醐《ごだいご》天皇が計画した鎌倉幕府打倒は、反鎌倉の武士楠木正成《くすのきまさしげ》や足利高氏《あしかがたかうじ》といった、反鎌倉の武士によって成し遂げられた。後醍醐天皇は京に戻ると論功行賞を行い、足利高氏には自身の名である尊治《たかはる》から1字を与えて、足利尊氏《たかうじ》とした。そして、念願の天皇親政《しんせい》を実現するために、新たな年号を制定。改元理由となった「撥乱反正《はつらんはんせい》」とは、乱を鎮めて正しい道に戻すという意味で、四書五経《ししょごきょう》からではなく、漢《かん》の光武帝《こうぶてい》が漢王朝を再興し、後漢《ごかん》を建てたときに用いた年号からとった。

選定にあたっては、「建武」「大武」「武功」などの候補があったというが、じつは「武」という文字が不吉だとして、反対する声も多かった。しかし、中国の歴代王朝でもたびたび使われる元号であり、改革の志《こころざし》に燃える後醍醐天皇は建武で押し切った。

こうして始まった後醍醐天皇の改革を「建武の新政」という。後醍醐天皇は摂《せっ》政《しょう》・関白《かんぱく》を廃止し、政務のための「記録所」、裁判の「雑訴《ざっそ》決断所」、武家統制の「武者所《むしゃどころ》」などを設置。すべての土地所有権には、天皇が与える綸旨《りんじ》が必要とした。

ただ、こういった改革は武家社会の反発を招くことになった。天皇にばかり権力が集中し、武士の論功行賞は十分なものとはいえず、不満を抱えた武士は、源氏の棟梁《とうりょう》である足利尊氏に接近。そこで、建武2（1335）年、北条《ほうじょう》氏の残党討伐に赴《おもむ》いた尊氏は鎌倉を制圧するとそのまま留まり、独自に恩賞を与えるなど、新政の方針から離脱。これに多くの武士が従い、天皇方に残った楠木正成、新田義貞と戦うことになった。足利尊氏は敗れて一時九州に逃れるが、建武3（1336）年に再び挙兵すると、「湊川《みなとがわ》の戦い」で楠木・新田の軍を破って入京。光厳《こうごん》天皇を復位させると、新たに光明《こうみょう》天皇に譲位させた。

いっぽう、比叡山《ひえいざん》に逃れていた後醍醐天皇は、建武3／延元元年、尊氏といったん和睦《わぼく》して、三種の神器《じんぎ》を光明天皇に渡したが、12月には京都を脱出して吉野《よしの》に逃れると、渡した神器は偽物だとして皇位の正統性を主張した。

北朝

暦応

【りゃくおう】

期間	元年～5年 1338年10月11日～1342年6月1日
天皇	光明天皇
出典	『帝国代記』「堯時有草、夾階而生、王者以是占暦、応和而生」
勘申者	菅原公時

南朝

延元

【えんげん】

期間	元年～5年 1336年4月11日～1340年5月25日
天皇	後醍醐天皇 後村上天皇
出典	『梁書』「聖徳所被、上自蒼蒼、下延元元」
勘申者	菅原長員

◈南北朝時代に突入

足利尊氏《あしかがたかうじ》との戦いに敗れた後醍醐《ごだいご》天皇は、京都を脱出すると、大和国《やまと》（現在の奈良県）の吉野《よしの》に逃れて朝廷を開いた。これを吉野朝というが、京都の南にあたることから南朝ともいう。そして、心機一転改元を行い、南朝最初の元号とした。

いっぽう、勝利した尊氏は、この改元を認めずに建武《けんむ》の元号を使い続けた。そして、後伏見《ごふしみ》天皇の子で、光厳《こうごん》天皇の弟にあたる光明《こうみょう》天皇を即位させると、征夷大《せいいたい》将軍《しょうぐん》となって建武式目《しきもく》を制定し、武家政権である幕府を開いた。この足利政権が擁立《ようりつ》した朝廷を北朝という。こうして対立する南朝と北朝それぞれが改元を行う南北朝時代が到来した。

建武の元号を使い続けた北朝は、建武5／延元3（1338）年に、光明天皇の代始《だいはじめ》として暦応に改元。ここからが北朝の始まりといえるが、光厳天皇が上皇《じょうこう》となったため、北朝の初代天皇は光厳天皇ということになっている。

初期の足利幕府は、軍事面を足利尊氏が担当し、政治は尊氏の弟の直義《ただよし》が担当し、執事の高師直《こうのもろなお》がこれを補佐するという体制。勢力的には南朝を圧倒していたが、高師直と直義が主導権争いを起こすなどの火種も抱えていた。

北朝

康永【こうえい】

期間	元年〜4年 1342年6月1日〜 1345年11月15日
天皇	光明天皇
出典	『**漢書**』「海内康平、永保国家」 『**金楼子**』「魏明作康楽、永休諸堂」
勘申者	紀行親

南朝

興国【こうこく】

期間	元年〜7年 1340年5月25日〜 1347年1月20日
天皇	後村上天皇
出典	『**春秋左氏伝**』「冀之北土、馬之所生、無興国焉、恃険与馬、不可以為固也」 『**新五代史**』「伶官伝序、憂労可以興国」
勘申者	菅原長員

劣勢の南朝で後醍醐天皇崩御

延元4／暦応2（1339）年、南朝の指導者である後醍醐《ごだいご》天皇は、幕府打倒をめざしながらも病に倒れ、後村上《ごむらかみ》天皇に後を託して崩御《ほうぎょ》。朝敵《ちょうてき》である足利尊氏《あしかがたかうじ》の殲《せん》滅《めつ》と京都奪回を遺言された後村上天皇は、翌年、国を興《おこ》すことを誓って改元した。

後醍醐天皇は、全国に自分の皇子を派遣して南朝の勢力拡大を図った。後村上天皇は親王《しんのう》時代に北畠顕家《きたばたけあきいえ》の補佐を受けて奥州《おうしゅう》に赴《おもむ》き、東国《とうごく》武士を味方につけようとしたが果たせなかった経験から、積極的に北朝打倒に動いた。しかし、新田義貞《にったよしさだ》や北畠顕家といった、南朝の有力武士は、北朝との戦いで失われており、大規模な軍事行動には出られないまま祈禱《きとう》や密書などによって味方を増やした。

いっぽうの北朝では、天変地異と疫病《えきびょう》の増加から、興国3／暦応5（1342）年に改元した。国の安定した繁栄を願うという意味で、南朝の元号よりも落ち着いた意味といえるが、一枚岩の南朝に比べて、北朝のほうが危うかった。

その象徴ともいうべき事件が、康永への改元直後に起こった。なんと北朝の有力武将である土岐頼遠《ときよりとお》が、酒に酔って光厳上皇《こうごんじょうこう》の輿《こし》に向かって矢を放ったのだ。幕府はすぐに頼遠を処刑したが、この対応をめぐっても幕府内で意見が分かれた。

北朝

貞和

【じょうわ】

期間	元年〜6年 1345年11月15日〜 1350年4月4日
天皇	光明天皇 崇光天皇
出典	『芸文類聚』「体乾霊之休徳、稟貞和之純精」
勘申者	菅原佐成

南朝

正平

【しょうへい】

期間	元年〜25年 1347年1月20日〜 1370年8月16日
天皇	後村上天皇 長慶天皇
出典	――
勘申者	未詳

◈抑圧されるばさら大名

光厳上皇《こうごんじょうこう》への不敬により処刑された土岐頼遠《ときよりとお》らは、「ばさら大名」と呼ばれていた。ばさら（婆娑羅）とは、鎌倉時代末期に流行した、権威に反抗し、奇抜なファッションや振る舞いで我が道を進む生き方のこと。戦国時代における「かぶき者」とも似ているが、ばさらはその先駆といえる。土岐頼遠のほか、近江《おうみ》の佐々木道誉《ささきどうよ》、足利家執事の高師直《こうのもろなお》などが知られており、自分の気分次第で敵味方を平気で変えた。

こうした権威を認めない自由さは、鎌倉幕府打倒の原動力になったが、新しい秩序を構築する際には逆に問題となる。足利尊氏《たかうじ》より幕府の運営を任された弟の足利《あしかが》直義《ただよし》はばさらを禁止しており、それが土岐頼遠処刑につながったといえる。

興国7／貞和2（1346）年、幕府は私闘や苅田狼藉《かりたろうぜき》を禁止し、倹約に関する法令も定めた。しかし、権威が束縛を強めるほど反抗的になるのがばさらであり、直義の方針はむしろ逆効果で、全国のばさら大名の反感を買うことになった。

いっぽうで、同年に、南朝では正平に改元が行われた。この改元理由は不明で、出典も諸説あって定かではない。ただ、その治世は後村上《ごむらかみ》天皇が崩御《ほうぎょ》したのちも続き、正平の元号のもと、南朝は23年7カ月という長期政権となった。

南北朝時代

北朝

観応

【かんのう／かんおう】

期間	元年～3年 1350年4月4日～ 1352年11月4日
天皇	崇光天皇 後光厳天皇
出典	『荘子』「玄古之君、天下無為也、疏曰、以虚通之理、観応物之数、而无為」
勘申者	藤原行光

束の間の南北統一

光明《こうみょう》天皇が15歳のおい・崇光《すこう》天皇に譲位すると、その父の光厳上皇《こうごんじょうこう》が院政《いんせい》を行った。改元は崇光天皇の代始《だいはじめ》として行われたが、すでに幕府内では内紛が持ち上がっていた。

足利《あしかが》氏の執事であった高師直《こうのもろなお》は、南朝の楠木正行《くすのきまさつら》を撃破し、後村上《ごむらかみ》天皇を吉野《よしの》から追うなどの働きで権勢を誇ったが、ばさら大名として傍若無人《ぼうじゃくぶじん》な振る舞いも多く、秩序を第一とする足利直義《ただよし》と衝突をくり返した。これに、師直派に新興御家人《ごけにん》、直義派に旧御家人が味方し、幕府を二分する争いとなる。

そうしたなか、直義が師直排除を画策すると、師直は挙兵して直義邸を襲撃。直義は兄尊氏《たかうじ》の屋敷に逃げ込み、尊氏の仲介により一時的に収束。しかし、直義は尊氏の庶子《しょし》の直冬《ただふゆ》を養子としており、嫡男《ちゃくなん》の義詮《よしあきら》を後継者にと考える尊氏との間も険悪になった。

そして、改元が行われた正平５／観応元（１３５０）年、幕府内での立場が悪くなった直義が出家すると、これを不服として直冬が挙兵。一時は撃退したが、ここでなんと直義は敵対していた南朝に降《くだ》り、南朝の勢力を味方につけた。南朝との共同軍を前に、尊氏・師直軍は敗走を余儀なくされ、師直は討ちとられた。

高師直を排除したことで、直義は尊氏と和議を結び、義詮の補佐として政務に復帰した。しかし、今度は尊氏が南朝と手を結んで直義排除に動く。このとき、南朝が出した条件は、北朝の天皇の廃位と政権移譲、後醍醐《ごだいご》天皇が偽物と主張していた三種の神器《じんぎ》の返還だった。そして、尊氏がこの条件を受け入れたため、南北に分裂した朝廷は再びひとつとなった。これを、南朝の元号をとって**「正平一統《しょうへいいっとう》」**という。

南朝から直義追討の綸旨《りんじ》を受けた尊氏は、正平７／観応３（１３５２）年に直義を鎌倉まで追い詰めて降伏に追い込んだ。直義が降伏後に急死（毒殺説も）し、**「観応の擾乱《じょうらん》」**と呼ばれた一連の幕府内の内戦は終結。しかし、南朝が尊氏排除に動いたことから再び敵対。**正平一統**はわずか４カ月ほどしか持続せず、北朝は京都を奪還すると、１度廃棄した観応の元号をすぐに復活させた。

南北朝時代

北朝

文和

【ぶんな／ぶんわ】

期間	元年～5年 1352年11月4日～ 1356年4月29日
天皇	後光厳天皇
出典	『唐紀』「叡哲温文、寛和仁恵」 『呉志』「文和於内、武信手外」
勘申者	菅原在淳

北朝が新たな天皇を迎える

再び南北に分裂した天皇家だが、正平一統《しょうへいいっとう》の際に、光厳上皇《こうごんじょうこう》と光明《こうみょう》上皇、崇光《すこう》天皇、さらに皇太子の直仁親王《なおひとしんのう》までが南朝側に連れ去られ、幕府は担ぐべき御輿《みこし》を失った。

そこで幕府は、元関白《かんぱく》の二条良基《にじょうよしもと》らと協議し、光厳・光明の母である広義門院《こうぎもんいん》を治天《ちてん》の君《きみ》とすると、崇光天皇の弟を後光厳《ごこうごん》天皇として即位させた。通常、改元は即位の翌年に代始《だいはじめ》として行われるが、この改元は即位から1カ月ほどで行われている。

出典は、『三国志』のなかの呉志孫権伝《ごしそんけんでん》などからで、「内を治めるには文と和が必要」ということ。だが、次の一説には、「外にあたるには武と信が必要」ともある。

南北朝時代

北朝

延文【えんぶん】

期間	元年～6年 1356年4月29日～ 1361年5月4日
天皇	後光厳天皇
出典	『漢書』「延文学儒者数百人」
勘申者	柳原忠光

初代将軍足利尊氏の死去

南朝では正平《しょうへい》11～16年にあたる年、北朝は後光厳《ごこうごん》天皇のもとで改元を行った。兵革のためといわれるが、幕府と南朝の戦いはまだ続いており、一進一退という状況だった。

そんな正平13／延文3（1358）年、征夷《せいい》大将軍《たいしょうぐん》として北朝の指導者であった足利尊氏《あしかがたかうじ》が、合戦《かっせん》で受けた矢傷が悪化して病死。嫡男《ちゃくなん》の足利義詮《よしあきら》が2代目征夷大将軍の位を継ぐ。

天皇との対立や、一族の内乱など諸問題の解決に尽力してきた指導者の死去は大きな痛手といえたが、すでに尊氏存命中から指揮権は義詮に移っていた。義詮は将軍就任後、離反した武士の引き込みに努め、大内氏《おおうち》、畠山《はたけやま》氏、細川《ほそかわ》氏といった有力大名を味方につけた。

南北朝時代

北朝

康安

【こうあん】

期間	元年〜2年 1361年5月4日〜 1362年10月11日
天皇	後光厳天皇
出典	**『史記正義』**「天下衆事咸得康安、以致天下太平」**『唐紀』**「作治康凱安之舞」
勘申者	菅原高嗣

◎大火事と大地震で国内は大打撃

疫病《えきびょう》と疱瘡《ほうそう》（天然痘）の流行による改元といわれる。ただ、改元のその日に京都で大火があり、安らかで穏やかな意味を持つこの元号を不吉とする声も噴出した。さらに、康安元（1361）年6月、西日本を中心に大地震が発生し、奈良の大寺院の建物が多数倒壊。海沿いでは津波が発生し、阿波《あわ》（現在の徳島県）では1700余りの家が流され、難波浦《なにわのうら》で数百人が呑《の》み込まれる大惨事となった。これは、現在も危険性が高いとされる南海トラフ沖地震だったと考えられている。

こうしたなかでも南北の戦いは続き、この地震も南朝の「**正平《しょうへい》地震**」と北朝の「**康安地震**」と、両方の元号をとった呼び名がある。

南北朝時代

北朝

貞治【じょうじ】

期間	元年〜7年 1362年10月11日〜 1368年3月7日
天皇	後光厳天皇
出典	『易経』「利武人之貞、志治也」
勘申者	柳原忠光

2代将軍足利義詮の反撃

就任間もない足利義詮《あしかがよしあきら》は有力守護《しゅご》の離反に悩まされ、南朝側の攻勢の前に、一時後光厳《ごこうごん》天皇を連れ、近江《おうみ》まで退却するほどだった。しかし、義詮の反撃によって再び京を奪還すると、後光厳天皇は、京に戻ったことを祝い「武人のように強い統治」をめざした改元を行った。

南朝では、正平《しょうへい》17〜23年にあたる貞治年間、幕府内では将軍の側近である斯波高経《しばたかつね》が失脚する「貞治の変」も起きた。

そして、正平22／貞治6（1367）年、病に倒れた義詮は、新しく管領《かんれい》となった細川《ほそかわ》頼之《よりゆき》を後見とし、10歳の息子・足利義満《よしみつ》を3代将軍と定めて死去した。

北朝

応安

【おうあん】

期間	元年～8年 1368年3月7日～ 1375年3月29日
天皇	後光厳天皇 後円融天皇
出典	**『毛詩正義』**「今四方既已平服、王国之内、辛応安定」
勘申者	藤原重光

南朝

建徳

【けんとく】

期間	元年～3年 1370年8月16日～ 1372年5月4日？
天皇	長慶天皇
出典	**『文選』**「建至徳以業洪業」
勘申者	大江有元

◎守護の力を強める半済令

3代将軍となった足利義満《あしかがよしみつ》は、まだ幼少だったことから、管領《かんれい》の細川頼之《ほそかわよりゆき》が烏帽《えぼ》子《し》親《おや》となって後見した。将軍就任の年に改元が行われたが、改元理由は疫病《えきびょう》と天変地異のためとされる。四方を治め国内の安定をめざした元号だ。

そして、将軍最初の評定《ひょうじょう》で定められたのが、正平《しょうへい》23／応安元（1368）年に発布された「寺社本所領事《じしゃほんじょりょうのこと》」だ。元号をとって「応安の半済令《はんぜいれい》」とも呼ばれるこの布告では、守護《しゅご》に荘園《しょうえん》領地の年貢の半分まで徴収権を与えた。いっぽうで、公家《くげ》や寺社に対しては、これまで武家が勝手に領地とした荘園を保護することになった。

守護に権限を与えることで幕府への支持につなげ、領地が保護された公家や天皇、寺社にも恩を売ることになった。しかし、この法令は、後に守護が独立性を強めて大名化していくことにもつながった。

いっぽうで、南朝では後村上《ごむらかみ》天皇の崩御《ほうぎょ》により、25年続いた正平が消滅。長慶《ちょうけい》天皇即位の翌年、正平25／応安3（1370）年に天皇の代始《だいはじめ》として改元し、建徳元年とした。南朝の動向としては、文中《ぶんちゅう》元／応安5（1372）年に、九州で勢力を持っていた懐良親王《かねよししんのう》が、明《みん》国から日本国王の冊封《さくほう》を受けている。

北朝

永和

【えいわ】

期間	元年～5年 1375年3月29日～1379年4月9日
天皇	後円融天皇
出典	『書経』「詩言志、歌永言、声依永、律和声、八音克諧、無相奪倫、神人以和」 『芸文類聚』「九功六義之興、依永和声之製、志由興作、精以詞宣」
勘申者	柳原忠光

南朝

文中

【ぶんちゅう】

期間	元年～4年 1372年5月?日～1375年6月26日
天皇	長慶天皇
出典	――
勘申者	未詳

加熱する九州の覇権争い

北朝では応安《おうあん》年間のころ、南朝では文中への改元が行われた。この改元の出典も勘申者《かんじんしゃ》も不明だが、『易経《えききょう》』に「黄裳元吉、文在中也」とあるのが出典ではないかといった説もある。改元理由も災異のためかどうかはっきりしない。

文中元／応安5（1372）年、明《みん》より日本国王に封じられた南朝の懐良親王《かねよししんのう》に対抗するため、幕府では今川貞世《いまがわさだよ》を九州探題《たんだい》に任命し、大宰府《だざいふ》を攻撃。敗れた懐良親王《しんのう》は、南下して逃れ、肥後《ひご》（現在の熊本県）の菊池《きくち》氏の保護を受けた。菊池一族の菊池武朝《たけとも》は、懐良親王を奉じて肥後を勢力下に収めるなど、南九州では依然南朝の勢力が強かったが、貞世は田原《たわら》氏などと協力してこれに対抗した。

また、日本国王の称号を得た懐良親王だったが、その後勢力が衰えたため南朝と明の交流はほとんどなかった。ただ、明にとって日本国王は懐良親王となるため、薩摩《さつま》（現在の鹿児島県）の島津《しまづ》氏などは、懐良親王の名を勝手に使って交易していた。

いっぽう、文中4／応安8（1375）年、北朝では後円融《ごえんゆう》天皇の代始《だいはじめ》のための改元が行われた。ただ、この改元の3カ月後、南朝でも改元が行われたため、1375年は北朝の永和元年であり、南朝の天授《てんじゅ》元年ともなった。

南北朝時代

北朝

康暦

【こうりゃく】

期間	元年〜3年 1379年4月9日〜 1381年3月20日
天皇	後円融天皇
出典	『唐書』「承成康之暦業」
勘申者	菅原長嗣

南朝

天授

【てんじゅ】

期間	元年〜7年 1375年6月26日〜 1381年3月6日
天皇	長慶天皇
出典	――
勘申者	藤原長親

◎成長した足利義満が統治を開始

南朝の天授への改元は、地震災害によるものとされるが、出典が不明だ。ただ、『史記《しき》』の「淮陰侯列伝《わいいんこうれつでん》」には「且陛下所謂天授、非人力也」の一節がある。

九州では、九州探題《たんだい》の今川貞世《いまがわさだよ》が、折り合いの悪かった少弐冬資《しょうにふゆすけ》を水島に招いて暗殺。この事件により、少弐と協力していた島津《しまづ》氏が南朝に寝返るなど混迷した。しかし、当時は武士が南朝と北朝とを行ったり来たりすることはめずらしくなく、関東や畿内《きない》でも有力大名の離反や寝返りは頻繁に起こっていた。天授3／永和《えいわ》3（1377）年には南九州の国人衆《こくじんしゅう》が北朝に降《くだ》って九州の覇権はほぼ確定した。

いっぽうで、北朝は永和への改元が後円融《ごえんゆう》天皇の即位4年後に行われていたが、皇太子の人選をめぐって父の後光厳《ごこうごん》上皇とおじの崇光《すこう》上皇《じょうこう》が対立。さらに、次の康暦への改元も幕府が介入するなど規制が多かった。

そして、幕府では管領《かんれい》細川頼之《ほそかわよりゆき》の権限が拡大するいっぽうで、反細川の動きも活発になる。そこで、天授5／康暦元（1379）年、成長した3代将軍足利義満《よしみつ》は、細川氏を管領職から罷免《ひめん》。細川派閥を一掃すると、新たに斯波義将《しばよしゆき》を管領とした。これを「康暦の政変」といい、義満は後見人からの独立を果たす。

北朝

永徳【えいとく】

期間	元年〜4年 1381年3月20日〜 1384年3月19日
天皇	後円融天皇 後小松天皇
出典	――
勘申者	藤原仲光

南朝

弘和【こうわ】

期間	元年〜4年 1381年3月6日〜 1384年5月18日
天皇	長慶天皇 後亀山天皇
出典	――
勘申者	未詳

◈辛酉革命で南北同時に改元

この年は、天命が改まり、王朝が交代するとされる辛酉《しんゆう》の年となったため、南北両朝で改元が行われた。分裂していても、革命を避けたいという意識は共通だったようだ。ただし、どちらも出典や勘申者《かんじんしゃ》については記録に残されていない。北朝の永徳は藤原仲光《ふじわらのなかみつ》といわれているものの詳細は不明だ。

出典らしきものとしては、弘和は、『書経《しょきょう》』にある「弘敷五典、式和民則」から、永徳は『群書治要《ぐんしょちよう》』からという説がある。

この時期の幕府は九州にて抵抗を続けていた菊池《きくち》氏の立てこもる肥後《ひご》の菊池城を陥落させ、菊池氏から北朝に降《くだ》るものが出てきた。また、北朝から南朝についた楠木正儀《くすのきまさのり》、小山義政《おやまよしまさ》らも相次いで幕府の軍に敗れ、南朝には不利な展開となる。弘和3／永徳3（1383）年には、日本国王の肩書きを持つ懐良親王《かねよししんのう》も死去した。

そこで、長慶《ちょうけい》天皇は弟の後亀山《ごかめやま》天皇に譲位して院政《いんせい》をしいた。しかし、北朝に対してあくまで強気な姿勢を崩さない長慶天皇に対し、後亀山天皇は穏健派であり、南朝で講和派が主流になると立場を弱めていく。いっぽう、優勢なはずの幕府も、有力武将の離反などが相次ぐことに頭を悩ませていた。

南北朝時代

北朝

至徳【しとく】

期間	元年～4年 1384年3月19日～ 1387年10月5日
天皇	後小松天皇
出典	『孝経』「先王有至徳要道、以訓天下、民用和睦、上下亡怨」
勘申者	藤原資康

南朝

元中【げんちゅう】

期間	元年～9年 1384年5月18日～ 1392年11月19日
天皇	後亀山天皇
出典	――
勘申者	未詳

◎甲子革令による同時改元

1384年は、暦のうえでは辛酉《しんゆう》の4年後にあたる甲子《かっし》革令の年のため、両朝で改元が行われた。永徳《えいとく》は3年、弘和《こうわ》は3年2カ月での改元となったが、時期のずれは、両朝の諸事情によるものといえるだろう。

新たな元号は、至徳は出典もわかっているが、元中のほうは詳細不明だ。『易経《えききょう》』に「黄裳元吉、文在中也」とあるのが出典ではないかという説もある。

南朝が長慶《ちょうけい》天皇から後亀山《ごかめやま》天皇に譲位される前に、北朝でも後円融《ごえんゆう》天皇から後小《ごこ》松《まつ》天皇への譲位が行われた。後小松天皇はまだ6歳であったため、後円融上皇《じょうこう》が院政《いんせい》をしいたが、実権は足利義満《あしかがよしみつ》の意向を受けた幕府が握っていたため、後円融上皇《じょうこう》は幕府への不満を募らせ、永徳年間には自殺騒動も起こしている。

幕府の権限はさらに強くなり、元中3／至徳3（1386）年、義満が相国寺《しょうこくじ》を建立《こんりゅう》すると、禅宗の寺格を定める五山制度を改定。京都と鎌倉の両方に五山を定め、京都五山に相国寺を入れ、その上位に南禅寺《なんぜんじ》を置いた。この五山は現在まで続いている。

なお、劣勢の南朝では、高麗《こうらい》に援軍を求める案も出たが、実現しなかった。

北朝

嘉慶

【かけい／かきょう】

期間	元年～3年 1387年10月5日～ 1389年3月7日
天皇	後小松天皇
出典	『毛詩正義』「将有嘉慶、禎祥先来見也」
勘申者	菅原秀長

幕府に追い詰められる南朝

疫病《えきびょう》による改元とされているが、祝いの文字が続いており、後小松《ごこまつ》天皇の即位による改元が行われていないことから、代始《だいはじめ》の改元とも考えられる。とはいえ、将軍・足利義満《あしかがよしみつ》の権威はさらに増大し、後円融上皇《ごえんゆうじょうこう》の発言権も低下していたことから、後小松天皇は、ほぼ幕府の傀儡《かいらい》という状況だった。

南朝では元中4～6年にあたる。九州では今川貞世《いまがわさだよ》が和寇《わこう》による捕虜の返還を行うなど、幕府の支配権がほぼ確立。南朝勢は全国でも敗走が続いた。鎌倉では鎌倉公方《くぼう》が独立性を強めていたが、元中5／嘉慶2（1388）年には、足利義満が富士山を遊覧する余裕があり、北朝の優位が固まった。

南北朝時代

北朝

康応

【こうおう】

期間	元年～2年 1389年3月7日～ 1390年4月12日
天皇	後小松天皇
出典	『文選』「国富民康、神応烋臻、屢獲嘉祥」
勘申者	菅原秀長

詳細不明な高麗の対馬侵攻

摂政《せっしょう》となったばかりの近衛兼嗣《このえかねつぐ》が前年に病で亡くなり、4代の北朝天皇に仕えた元関白《かんぱく》の二条良基《にじょうよしもと》が復帰するも病死。市中でも疫《えき》病《びょう》が流行したことから改元が行われた。

康応は1年あまりですぐに改元となる。両朝においてはそれぞれの軍が衝突をくり返し、全体の動きとしては南朝が追い詰められていた。

ところで、高麗《こうらい》の記録では、元中6／康応元（1389）年に、倭寇《わこう》の本拠地とされる対馬への侵攻が行われたとある。対馬の宗《そう》氏の記録では、これを「**康応の外寇《がいこう》**」と呼んでいる。ただ、そのすぐ後に高麗は滅亡し、李《り》氏《し》朝鮮が建ったことから、実情は不明だ。

南北朝時代

北朝

明徳

【めいとく】

期間	元年～5年 1390年4月12日～ 1394年8月2日
天皇	後小松天皇
出典	『礼記』「在明明徳、在新民」
勘申者	藤原資康

◎「明徳の和約」で南北朝合一

改元理由は天変と兵革によるものとされる。「徳を明らかにする」とは、天下の教えを実践するということでもある。ただ、改元理由となった兵革という点で、明徳年間には大きな変化があった。

南北の戦いが北朝有利で進むと、将軍の足《あし》利《かが》義満《よしみつ》は、今度は北朝側についた守護《しゅご》大名の勢力縮小に動いた。足利将軍は守護大名の連合の盟主という立場であり、前述したように、各大名は頻繁に南に北に寝返っていた。

そこで、将軍への権力集中のため、全国の守護職の任命権を掌握。各家で行われていた継承争いに積極的に介入し、これに不服を唱えた美濃《みの》（現在の岐阜県）の土岐《とき》氏を元中《げんちゅう》7

／明徳元（１３９０）年に討伐。翌年には畿内11カ国を領有する名門の山名《やまな》氏を討伐（明徳の乱）。これは、山名氏の内紛に紛れて反乱を誘発したもので、山名氏の領国は3カ国に減らされ、残りは細川氏や畠山氏など、義満に忠実な守護大名に分配された。

こうして、将軍家の権力を磐石《ばんじゃく》にした元中9／明徳3（１３９２）年、義満は南朝に和睦《わぼく》を打診。敗戦続きで支配地が吉野《よしの》周辺にまで縮小していた南朝はこれを承諾し、正平一統《しょうへいいっとう》で南朝に引き渡された三種の神器《じんぎ》を北朝に返還。後亀山《ごかめやま》天皇は後小《ごこ》松《まつ》天皇の皇位を認めて退位。元中も9年で廃止され、明徳の元号が残った。かくして56年にわたって続いた南北の分裂は完全に統合された。この和睦は「**明徳の和約**」というが、南朝の元号から「**元中一統**」とも呼ばれる。条件としてはほぼ南朝の全面降伏に近いが、義満は今後の両統迭立《てつりつ》や、大覚寺《だいかくじ》統の荘園《しょうえん》領有などを認め、南朝の面目《めんぼく》も立てている。

以後の天皇家は北朝の流れで続いていくのだが、現在は後醍醐《ごだいご》天皇が96代、後亀《ごかめ》山《やま》天皇が99代と、両統迭立の期間は南朝天皇が歴代天皇に数えられる。これは明治時代に南朝を正統とする決議が議会で行われたため。明治以降、南朝を支えた楠木《くすのき》正成《まさしげ》を英雄視し、足利尊氏《たかうじ》を逆賊とする風潮につながった。

教科書には載らない「私年号」とは？

日本では朝廷公式の元号以外に、一部の史書や寺社の縁起《えんぎ》のみに見られる年号も存在する。それが私年号《しねんごう》、または異年号、偽年号などと呼ばれるものだ。

たとえば、愛媛県の道後《どうご》温泉の碑文には「法興《ほうこう》」という年号で、最初の元号である「大化《たいか》」より前の時代が記されている。6世紀には、九州地方でのみ「継体《けいたい》」「善化《ぜんか》」などの年号が使われたという説もある。

室町時代には、改元されてもすぐに京都から東国《とうごく》に新しい元号が伝わらず、「福徳《ふくとく》」「弥勒《みろく》」「命禄《めいろく》」などの私年号が勝手に使われた時期もあった。

明治17（1884）年には、自由民権運動の過激派である秩父困民党《ちちぶこんみんとう》が埼玉県の秩父地方で独立政府を名乗り、「自由自治」元年の私年号を使った。また、日露戦争が起きた明治37（1904）年を「征露《せいろ》」元年とし、翌年の年賀状に征露2年と書いた人も多数いた。

大正時代にも、南北朝時代の南朝皇室の子孫を自称した熊沢寛道《くまざわひろみち》が、「大延《だいえん》」という私年号を使っている。

室町時代

室町時代

応永

【おうえい】

期間	元年～35年 1394年8月2日～1428年6月10日
天皇	後小松天皇 称光天皇
出典	『会要』「久応称之、永有天下」
勘申者	藤原重光

幕府支配の確立と勘合貿易

応永年間は、明治《めいじ》以降の一世一元《いっせいいちげん》制導入以前では最長となる、33年9カ月もの長きにわたって続いた。室町《むろまち》時代というと、足利尊氏《あしかがたかうじ》が室町に幕府を開いたときからだが、南北朝時代を別にした場合は、南北が統一され、幕府権力が確立されたこのときからといえる。

応永元（1394）年、足利義満《よしみつ》は、9歳の息子義持《よしもち》を4代将軍としたが、実権は太政大臣《じょうだいじん》となった義満が握ったままだった。

改元に際しても、明《みん》の洪武帝《こうぶてい》にあやかって洪の字を入れるよう求めたが、これは洪水を連想するとして反対されてしまう。ただ、その後はさらに権力が強化されたことから、次第に朝廷内のことにも幕府の意向が強く影響するようになった。応永年間が長く続いたのは、このときの朝廷の対応に機嫌を損ねた義満が、改元を認めなかったためともいわれている。

応永6（1399）年には、九州で勢力を持っていた今川貞世《いまがわさだよ》、大内義弘《おおうちよしひろ》の力を削ぎにかかり、大内義弘が堺で挙兵したことから「応永の乱」が起きる。この反乱に鎌倉公方《くぼう》の足利満兼《みつかね》が同調し、義満に不満を抱えた大名が呼応。しかし、堺の大内軍が敗れると瓦解して、かえって義満の権力基盤を固めることにつながった。

こうして、国内の不平分子は一掃され「応永の平和」と呼ばれる戦乱のない時代を迎えた。そんななか、義満は応永8（1401）年に遣明使を派遣し、南朝の懐《かね》良親王《よししんのう》以来となる日本国王の称号を得て日明貿易を開始。これは、倭寇《わこう》と区別するため、勘合符《かんごうふ》を持った船だけに交易を認めたことから勘合貿易と呼ばれる。

もっとも、当時の明は冊封《さくほう》した国との朝貢《ちょうこう》貿易しか認めていなかったため、日本は明の冊封国という立場となった。また、天皇をさしおいて義満が日本国王となることに朝廷からも不満が続出。しかし、勘合貿易による利益が莫大なものとなったことから、義満は不満をすべて封じ込めた。

やがて、幕府の体制を磐石《ばんじゃく》にした義満は、応永15（1408）年に死去。朝廷は太上法皇《だいじょうほうおう》の尊号を贈ったが、嫡子《ちゃくし》の将軍義持はこれを辞退した。

室町時代

正長

【しょうちょう】

期間	元年〜2年 1428年6月10日〜 1429年10月3日
天皇	称光天皇 後花園天皇
出典	『礼記』「在位之君子、威儀不有差忒、可以正長是四方文之国」
勘申者	菅原在直

将軍・天皇不在の空白期間

応永《おうえい》35（1428）年、称光《しょうこう》天皇の即位にともなう代始《だいはじめ》の改元が行われ、正長元年に改められた。改元は即位の翌年に行われるのが通例だが、称光天皇が後小松《ごこまつ》天皇に譲位されたのは応永19（1412）年のことで、じつに16年もの間、代始の改元が行われていなかった。12歳で譲位を受けた称光天皇には、後小松上皇《じょうこう》の院政《いんせい》がしかれ、さらに幕府も改元を認めなかった。

改元を認めなかった理由としては、義満《よしみつ》に対する朝廷の意趣返《いしゅがえ》しといった説がある。ただ、このころすでに義満は病死しており、そもそも称光天皇自身が病弱で、奇行な振る舞いが多かったことから、幕府に認められなかったという説も有力だ。しかも、その称光天皇は、改元後3カ月足らずで28歳の若さで急死してしまう。称光天皇には皇子がおらず、さらに後継者にと考えられていた弟の小川宮《おがわのみや》も早世《そうせい》していたため、後小松天皇の直系が絶えることとなった。

ここで騒ぎ始めたのが、かつての南朝の勢力だ。そもそも、足利《あしかが》義満が結んだ「明徳《めいとく》の和約」では、南北合一後の天皇は、両統迭立《てつりつ》により交互に出すこととされていた。ところが、後小松天皇は約束を無視して称光天皇に皇位を譲った。これは、もともと和約が幕府が勝手に結んだものとされていたからで、義満の存命中は押し切られたが、亡くなった後なら反故《ほご》にできると考えたためだ。

しかし、称光天皇が崩御《ほうぎょ》すると、持明院《じみょういん》統の嫡流《ちゃくりゅう》は途絶えた。次は約束通り南朝の大覚寺《だいかくじ》統から天皇を出すのが筋ということになる。この圧力を前に、後小松天皇は、北朝3代の崇光《すこう》天皇の子孫が建てた伏見宮《ふしみのみや》家から養子を迎えて後花園《ごはなぞの》天皇に即位させた。これに南朝勢力は反発し、後南《ごなん》朝を立てて対抗した。

いっぽう、そのころ幕府にも将軍が不在だった。4代将軍義持《よしもち》は、応永30（1423）年に将軍位を嫡男《ちゃくなん》の義量《よしかず》に譲ったが、なんと義量は在位2年で亡くなってしまう。そのため、大御所《おおごしょ》となった義持が政務を執《と》り続けたが、そんな義持も応永35（1428）年に死去。幕府でも、後継者をめぐって頭を悩ませていたのだった。

室町時代

永享

【えいきょう】

期間	元年～13年 1429年10月3日～ 1441年3月10日
天皇	後花園天皇
出典	『後漢書』「能立魏魏之功、伝于子孫、永享無窮之祚」
勘申者	菅原在豊

くじ引きで決まった6代将軍の改革

正長《しょうちょう》年間で空白だった天皇と将軍位だが、伏見宮《ふしみのみや》家の彦仁王《ひこひとおう》が後花園《ごはなぞの》天皇として即位。いっぽう、幕府では先々代将軍の足利義持《あしかがよしもち》が後継者を指名しないまま亡くなったために後継者選びが難航。重臣たちの会議ではなかなか決まらないため、石清水八幡宮《いわしみずはちまんぐう》でのくじ引きにより、足利義満の五男で義持の弟にあたる義教《よしのり》が選ばれた。このとき、義教は出家して天台座主《てんだいざす》となっていたが、還俗《げんぞく》させられての将軍就任となった。

しかし、6代将軍となった義教には問題が山積みとなっていた。まず、正長元(1428)年から起こった土一揆《どいっき》への対応があった。この土一揆は、山城《やましろ》(現在の京都府)の農民が借金を帳消しにする徳政令《とくせいれい》を求めたもので、幕府は認めなかったが、農民たちは証文を燃やすなど勝手に徳政を行い、この動きが全国に広まっていった。土一揆の原因は飢饉《ききん》や疫病《えきびょう》による困窮だったため、義教は、兄の義持が屈辱外交として嫌った勘合《かんごう》貿易を復活させ、経済の建て直しに着手した。

いっぽうで、くじ引きで決まった将軍ということから、他の候補者を推《お》していた守護《しゅご》が将軍を軽《かろ》んじる風潮が生まれていた。

なかでも、最有力候補だった鎌倉公方《くぼう》の足利持氏《もちうじ》は、義教を「還俗将軍」と侮辱し、幕府に無許可で嫡子《ちゃくし》の元服《げんぷく》を行うなどの勝手な行動が目立った。元号も正長を使い続け、これを諫《いさ》めた関東管領《かんれい》の上杉憲実《うえすぎのりざね》と持氏との間で対立が起きると、永享10（1438）年の「**永享の乱**」にまで拡大する。そこで義教は、持氏討伐を命じ、幕府の大軍を前に持氏は自害に追い込まれる。しかし、永享12（1440）年には、下総《しもうさ》（現在の千葉県）の結城《ゆうき》氏が、持氏の遺児を奉じて「結城合戦《かっせん》」が起きる。幕府は関東管領代行の山内《やまのうち》上杉氏などに討伐を命じたが、容易には収束しなかった。

また、義教は自身が座主を務めていた経験から、天台宗の取り込みも狙ったが、これに延暦寺《えんりゃくじ》の衆徒が反発したため、比叡山《ひえいざん》を包囲して降伏に追い込んだ。義教の政策は父の義満の治世をめざすものだったが、独裁的な改革に反発も多かった。

室町時代

嘉吉【かきつ】

期間	元年～4年 1441年3月10日～ 1444年2月23日
天皇	後花園天皇
出典	『易経』「孚于嘉吉、位正中也」
勘申者	菅原益長

◎幕府の権力崩壊の始まり

永享《えいきょう》13（1441）年、辛酉《しんゆう》革命にあたることから改元が行われた。『易経《えききょう》』からとられた言葉で、「正しい行いが吉につながり、真の喜びになる」という意味だといえる。しかし、国内では乱が多発し、まさに改元直後に大事件が起きる。

この年、前年から続いていた結城合戦《ゆうきかっせん》が終わった。この戦勝を祝して、有力守護《しゅご》大名のひとりである赤松《あかまつ》氏が宴を催し、義教《よりのり》を自宅へと招いた。将軍が大名の邸を訪れるのは特別なことであり、酒宴は他の大名も参加して盛り上がった。ところが、猿楽《さるがく》鑑賞中に突如屋敷の門が閉ざされ、甲冑《かっちゅう》を着けた兵士が乱入し、義教を惨殺してしまったのだ。

将軍暗殺という事態に、幕府は細川持常《ほそかわもちつね》、山名持豊《やまなもちとよ》（宗全《そうぜん》）らによる討伐隊を組織。赤松氏は、足利直冬《ただふゆ》の孫とされる義尊《よしたか》を擁立《ようりつ》して対抗したが討伐隊に敗れた。

この事件は「嘉吉の乱」と呼ばれるが、発端となったのは、義教が赤松氏を取り潰そうとしているとの噂《うわさ》だった。義教は、将軍となって以降、守護大名の弱体化と将軍の権力強化を狙い、大名家の相続問題に積極的に関与してきた。播磨《はりま》（現在の兵庫県）・備前《びぜん》（現在の岡山県）・美作《みまさか》（現在の岡山県）の3国を領有する赤松氏も例外ではなく、赤松家の当主である満祐《みつすけ》の意向を無視して、義教に忠実な赤松一族への領地転換を行った。そこで、危機感を募らせた赤松満祐が、将軍暗殺という暴挙に出たのだった。赤松氏は滅ぼされたが、この事件により将軍の権威は失墜する。

また、義教の嫡男《ちゃくなん》の義勝《よしかつ》が7代将軍となったものの、わずか9歳であり、しかも在任8カ月で病死してしまう。このため、畠山氏や山名氏、さらには義勝生母の日野《ひの》重子《しげこ》らが実権を握り、各地の守護大名は独自の行動をとるようになった。

なお、嘉吉3（1443）年には、後南朝《ごなん》の一派と考えられる勢力が御所《ごしょ》に乱入し、三種の神器《じんぎ》が奪われるという「禁闕《きんけつ》の変」も起きている。後南朝は、南朝の残党が結成したものだが、一部は賊徒化していた。比叡山《ひえいざん》に逃げ込んだ後南朝一党は、幕府軍に殲滅《せんめつ》されたが、神器の一部は長禄《ちょうろく》年間まで失われる事態となった。

室町時代

文安

【ぶんあん/ぶんなん】

期間	元年~6年 1444年2月23日~ 1449年8月16日
天皇	後花園天皇
出典	『晋書』「尊文安漢社稷」 『書経』「欽明文思而安安」
勘申者	日野兼郷、菅原在直

◎将軍のいない6年間

甲子《かっし》革令による改元。「文安」のもととなった一文のひとつ、「欽明文思而安安」というのは、「誰の目にも業績が明らかで、しかも思いやりがある」という理想のリーダー像を語ったものだ。

だが、嘉吉《かきつ》3（1443）年に、室町《むろまち》幕府7代将軍・足利義勝《あしかがよしかつ》が在任わずか8カ月、10歳の幼さで急死したため、文安年間は将軍不在の時代となった。その間、幕政の実権を握っていたのは、文安2（1445）年に管領《かんれい》に就任した細川勝元《ほそかわかつもと》である。

文安6（1449）年に、ようやく義勝の弟である足利義政《よしまさ》が征夷大将軍《せいいたいしょうぐん》の宣下《せんげ》を受け、6年ぶりに将軍職が定まることとなる。

室町時代

宝徳

【ほうとく】

期間	元年～4年 1449年8月16日～ 1452年8月10日
天皇	後花園天皇
出典	『旧唐書』「朕宝三徳、曰慈倹謙」
勘申者	菅原為賢

◎将軍・義政と管領・勝元の綱引き

改元の理由は、地震、水害、悪疫流行のためとされている。宝徳元（1449）年に元《げん》服《ぷく》を迎えたことで、足利義政《あしかがよしまさ》が正式に室町《むろまち》幕府8代将軍として就任した。

義政は当初、幕政に積極的に取り組み、将軍権威の強化を図ろうとした。だが、加賀《かが》（現在の石川県）守護《しゅご》の富樫《とがし》氏の内紛に介入しようとした際、管領《かんれい》・細川勝元《ほそかわかつもと》の反対にあうなど、幕政を思い通りに動かすことはできなかった。その勝元は、宝徳3（1451）年、琉球《りゅうきゅう》商船から品物を受け取りながら、代金を払わないという揉《も》め事を起こしている。義政は奉行《ぶぎょう》を送り込んで事態の解明に乗り出したが、結局、勝元は品物を返さずに終わった。

室町時代

亨徳

【きょうとく】

期間	元年〜4年 1452年8月10日〜1455年9月6日
天皇	後花園天皇
出典	『書経』「世々亨徳、万邦作式」
勘申者	菅原為賢

◈関東では使われ続けた元号

疱瘡《ほうそう》（天然痘）流行のための改元とされているが、陰陽道《おんみょうどう》における厄年である「三合《さんごう》の厄」を避けるための改元ともいわれている。

亨徳3（1454）年、東北地方で「亨徳地震」が発生。正確な記録は残されていないが、津波により甚大な被害が出たという。

同年、室町《むろまち》幕府が関東の出先機関として設置した鎌倉府の長官である鎌倉公方《くぼう》の足利成《あしかがしげ》氏《うじ》が、関東管領《かんれい》の上杉憲忠《うえすぎのりただ》を暗殺し、幕府に刃向かった「亨徳の乱」が勃発《ぼっぱつ》。この乱は関東全域に広がり、終結まで30年近くかかった。

ちなみに、成氏は「亨徳」後の改元を認めず（ないしは知らず）、関東では文明《ぶんめい》10（1478）年まで、「亨徳」が使われ続けた。

室町時代

康正

【こうしょう】

期間　元年～3年
1455年9月6日～1457年10月16日

天皇　後花園天皇

出典　『史記』「平康正直」

勘申者　菅原在治

江戸城が築城される

戦乱による改元。康正元（1455）年、室町《むろまち》幕府8代将軍足利義政《あしかがよしまさ》の正室に、日野富子《ひのとみこ》が選ばれた。

富子は足利将軍家と縁戚関係を持つ名家の生まれで、次第に政治に関心を失っていった義政に代わり、幕政に深く関わるようになっていく。一般的には悪女と評されることが多く、権力を利用して莫大な財産を蓄えたとされる。ただ、賢女であったという評もある。

康正3（1457）年には、扇谷《おうぎがやつ》上杉家の家臣であった太田道灌《おおたどうかん》が江戸城を築城している。道灌は、「享徳の乱」において鎌倉公方《くぼう》（古河《こが》公方）と敵対する側であり、房総の勢力を抑えるため、この城を築いた。

室町時代

長禄【ちょうろく】

期間	元年〜4年 1457年10月16日〜 1461年2月1日
天皇	後花園天皇
出典	『韓非子』「其建生也長、持禄也久」
勘申者	菅原継長

三種の神器が取り戻される

疫病《えきびょう》流行による改元とされる。長禄元（1457）年、「嘉吉《かきつ》の乱」で取り潰された赤松氏の遺臣たちが、後南朝《ごなん》の行宮《あんぐう》を襲撃。約15年間も京都から失われていた三種の神器《じんぎ》のひとつ、八尺瓊勾玉《やさかにのまがたま》を奪い返した「長禄の変」が起きている。この功により、赤松氏は室町《むろまち》幕府に再興を許された。

同年には、蝦夷《えぞ》（現在の北海道）で和人《わじん》に対するアイヌの大規模蜂起《ほうき》「コシャマインの戦い」が勃発《ぼっぱつ》。最終的に和人側が勝利したが、その後もアイヌの抵抗は続いた。

長禄3（1459）年ごろから干ばつが続き、西日本を中心に「長禄・寛正《かんしょう》の飢饉《ききん》」が発生。京都でも8万人以上が餓死した。

寛正【かんしょう】

室町時代

期間	元年～7年 1461年2月1日～1466年3月14日
天皇	後花園天皇 後土御門天皇
出典	『孔子家語』「外寛而内正」
勘申者	藤原勝光

天皇の忠告を無視した将軍・義政

長禄《ちょうろく》年間に始まった「長禄・寛正の飢饉《ききん》」の猛威は衰えをみせず、被害は拡大する一方となった。そのための改元とされる。

そんななかでも室町《むろまち》幕府8代将軍・足利義政《あしかがよしまさ》は、自邸である花の御所《ごしょ》の改築に夢中で、飢餓に苦しむ人々を顧《かえり》みようとはしなかった。それを後花園《ごはなぞの》天皇に諫《いさ》められたが、義政は無視した。

寛正6（1465）年には、浄土真宗《じょうどしん》の僧であり、本願寺中興《ほんがんじちゅうこう》の祖とも呼ばれる本願寺第8世の蓮如《れんにょ》が、天台宗《てんだい》・延暦寺《えんりゃくじ》からの独立を図り、延暦寺僧兵の襲撃を受けるという事件が起きている。これを、「寛正の法難」という。

室町時代

文正

【ぶんしょう】

期間	元年～2年 1466年3月14日～ 1467年4月9日
天皇	後土御門天皇
出典	『荀子』「積文学、正身行」
勘申者	藤原綱光

◈将軍の側近が追放される

後土御門《ごつちみかど》天皇の即位による改元。ただ、父である後花園《ごはなぞの》天皇は後土御門天皇に譲位したのちも、上皇《じょうこう》として院政《いんせい》をしいた。

文正元（1466）年、室町《むろまち》幕府8代将軍・足利義政《あしかがよしまさ》は側近の進言により、武衛家《ぶえいけ》の家督を斯波義廉《しばよしかど》から取り上げ、斯波義敏《よしとし》に与えた。この動きに対し、義廉と縁戚関係にあった侍所所司《さむらいどころしょし》の山名持豊《やまなもちとよ》（宗全《そうぜん》）は反発。諸大名を糾合し、さらに管領《かんれい》の細川勝元《ほそかわかつもと》の協力を得て、義政の側近を追放した。これを「文正の政変」という。この政変後、すぐに家督は義廉に戻されている。

側近を失ったことで義政の政治力は一段と弱まり、「応仁《おうにん》の乱」へとつながっていく。

戦国・安土桃山時代

戦国・安土桃山時代

応仁

【おうにん】

期間	元年〜3年 1467年4月9日〜 1469年6月8日
天皇	後土御門天皇
出典	『維城典訓』「仁之感物 物之応仁 若影随形 猶声致響」
勘申者	菅原継長

戦国時代の幕開け「応仁の乱」

室町《むろまち》幕府の6代将軍・足利義教《あしかがよしのり》が、守護《しゅご》大名の赤松満祐《あかまつみつすけ》に暗殺された「嘉吉《かきつ》の乱」（1441年）以降、将軍家の弱体化はとどまることなく、有力守護家や将軍家では内紛が相次いでいた。それにともない、各地で戦乱が頻発したことから、わずか1年ほどで「文正《ぶんしょう》」は改元となり、「応仁」となった。

応仁のもととなった一文は、仁の思想について説いたものである。仁とは儒教で重視される徳のひとつで、「思いやり」のことだ。だが、応仁に改元された途端、仁の思想とは程遠い、血みどろの長い戦いが始まってしまう。「応仁の乱」である。この戦争は、応仁元（1467）年に始まり、以後、10年近く続いた。もっとも、戦争の大半は次の元号である「文明《ぶんめい》」の期間であったため、「応仁・文明の乱」とも呼ばれる。

戦いの背景については、同時代の僧侶が「いくら頭をひねっても応仁・文明の大乱が起こった原因がわからない」と書き残しているよう、非常に複雑だ。そもそもの発端は、8代将軍・足利義政《よしまさ》の跡継ぎ問題である。義政には子供がいなかったため、当初、跡継ぎには自分の弟である義視《よしみ》を予定していた。ところが、義視を後継者に定めた翌年、妻である日野富子《ひのとみこ》とのあいだに足利義尚《よしひさ》が生まれてしまう。

その結果、我が子を将軍にしようとする富子と義視のあいだに激しい家督争いが起きた。この争いに、当時幕府の実権を二分していた管領《かんれい》の細川勝元《ほそかわかつもと》と侍所所司《さむらいどころしょし》の山名持豊《やまなもちとよ》（宗全《そうぜん》）が介入してきたことから、事態は混迷していく。細川勝元は義視の後見人であり、山名持豊は義尚を推《お》していた。そして、全国の守護大名は、細川方（東軍）と山名方（西軍）に分かれて戦うこととなり、瞬《また》く間に戦火は日本全土に広まっていった。とくに、主戦場となった京都は灰燼《かいじん》に帰している。

しかし、戦乱の最中《さなか》に、足利義視が細川方から山名方に寝返るなど、次第に戦争の大義名分は失われていった。それでも戦いは終わらず、この「応仁の乱」を契機として室町幕府の有名無実化がさらに進み、戦国時代へと突入していく。

戦国・安土桃山時代

文明【ぶんめい】

期間	元年〜19年 1469年6月8日〜1487年8月9日
天皇	後土御門天皇
出典	『易経』「文明以健、中正而応、君子正也」
勘申者	菅原長清

「応仁の乱」が終結する

「応仁《おうにん》の乱」の戦火が治まらないため、また改元がなされた。しかし、戦いは容易には終わりをみせようとはしなかった。

それでも、山名持豊《やまなもちとよ》（宗全《そうぜん》）と細川勝元《ほそかわかつもと》が文明5（1473）年に相次いで亡くなると、次第に争いは沈静化。文明9（1477）年に両軍が和議を結んだことで、長きにわたった「応仁の乱」もようやく終結した。

ちなみに、「文明」のもととなった一文は、君子の正しい在り方を示したものだが、「応仁の乱」の原因は、将軍足利義政《あしかがよしまさ》が政治的に無能だったためともいわれる。ただ、義政は文人としては優秀であり、文明14（1482）年に銀閣《ぎんかく》の造営に着手している。

戦国・安土桃山時代

長享

【ちょうきょう】

期間 元年〜3年 1487年8月9日〜1489年9月16日
天皇 後土御門天皇
出典 『文選』「喜得全功、長享其福」
勘申者 菅原在数

「加賀の一向一揆」が発生

改元の理由は、伊勢《いせ》神宮の外宮《げくう》である豊受《とようけ》大神宮が戦火で炎上したためとされている。伊勢神宮は天皇家にゆかりの深い神社であり、その炎上は改元の必要があるほどの凶事と受け止められたのだろう。

長享2（1488）年には、本願寺《ほんがんじ》門徒が対立していた守護《しゅご》大名の富樫政親《とがしまさちか》を攻め滅ぼした「加賀《かが》の一向一揆《いっこういっき》」が発生している。以後、加賀は約1世紀にわたって本願寺門徒を中心とした一揆勢力が支配する土地となった。ここにも、室町《むろまち》幕府の権威の失墜がみて取れる。

だが、そんな加賀の本願寺支配も、のちに織田信長《おだのぶなが》の侵攻により終焉《しゅうえん》を迎える。

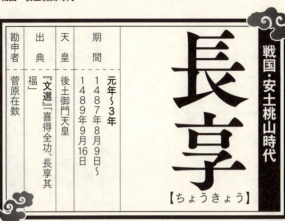

戦国・安土桃山時代

延徳

【えんとく】

期間	元年～4年 1489年9月16日～ 1492年8月12日
天皇	後土御門天皇
出典	『孟子』「開延道徳」
勘申者	菅原長直

◎下剋上の嵐が吹き荒れる

改元の理由は、疫病《えきびょう》流行のためとされている。延徳元（1489）年には、因幡《いなば》（現在の鳥取県）の国人《こくじん》である毛利貞元《もうりさだもと》（次郎）が守護《しゅご》大名の山名《やまな》氏に対して2度にわたり反乱を起こした「毛利次郎の乱」が終結。国人《こくじん》側が敗れはしたものの、この乱も下剋上《げこくじょう》のひとつの表れであった。

延徳2（1490）年には、足利義政《あしかがよしまさ》が死去。前年に室町《むろまち》幕府9代将軍足利義尚《よしひさ》が亡くなっていたため、死の直前まで義政は将軍代理を務めていた。その後、10代将軍の座に就いたのは、義政のおいの足利義稙《よしたね》である。

ちなみに、延徳4（1492）年にコロンブスが「新大陸」発見の航海に出発している。

戦国・安土桃山時代

明応

【めいおう】

期間	元年〜10年 １４９２年８月12日〜 １５０１年３月18日
天皇	後土御門天皇、 後柏原天皇
出典	『易経』「其徳剛健而文明、応乎天」
勘申者	菅原在数

室町幕府10代将軍が追放される

改元の表向きの理由は、悪疫流行のためとなっている。だが、実際には室町《むろまち》幕府10代将軍足利義稙《あしかがよしたね》の意思が強く働いたためともいう。弱体化の一途を辿《たど》る将軍家の権威を復活させたかったのだろう。

しかし、政務に積極的な姿勢をみせたことが、有力守護《しゅご》の細川政元《ほそかわまさもと》の反感を買ってしまう。そして、ついに明応２（１４９３）年、政元は義稙を追放し、足利義澄《よしずみ》を将軍に据えた。これを、「明応の政変」という。以後、政元が管領《かんれい》として幕府の実権を握る一方、義稙は諸国を流浪《るろう》することとなった。

明応７（１４９８）年には、東海道沖を震源地とする「明応の大地震」が発生した。

戦国・安土桃山時代

文亀【ぶんき】

期間	元年〜4年 1501年3月18日〜 1504年3月16日
天皇	後柏原天皇
出典	『爾雅』「十朋之亀者、一日神亀、二日霊亀、三日摂亀、四日実亀、五日文亀」
勘申者	菅原和長

◎わが世の春を謳歌する細川政元

改元された理由は、1501年が「辛酉《しんゆう》革命」にあたるためである。文亀の出典である『爾雅《じが》』は、中国最古の類語辞典、語釈辞典だ。成立したのは紀元前10世紀とも紀元前3世紀ごろともいわれている。

「明応《めいおう》の政変」で幕府の実権を握った細川政《ほそかわまさ》元《もと》は、次々と京都周辺を実質的な自領としていき、わが世の春を謳歌《おうか》していた。ただ、修《しゅ》験道《げんどう》に凝《こ》って、突如、放浪の旅に出てしまうなど奇行も多かったとされる。

政元は生涯独身を貫き、文亀2（1502）年に、摂関《せっかん》家の九条《くじょう》家から養子を迎えたのを皮切りに、計3人の養子を迎えいれた。だが、それがのちに家督争いの原因となる。

戦国・安土桃山時代

永正

【えいしょう】

期間	元年〜18年 1504年3月16日〜 1521年9月23日
天皇	後柏原天皇
出典	『周易』「永正其道、咸受吉化」
勘申者	菅原長直

細川政元が殺害され、10代将軍が復職

改元の理由は、1504年が「甲子革令《かっし》」にあたるためである。

「永正」年間には、引き続き、日本各地で内乱・内紛が多く勃発《ぼっぱつ》していた。とくに関東・北陸地方で立て続けに起こった争いは、まとめて「永正の乱」と呼ばれている。

また、管領《かんれい》の細川政元《ほそかわまさもと》が自邸で殺害される「永正の錯乱《さくらん》」が、永正4（1507）年に発生。これにより、政元の3人の養子（澄之《すみゆき》、澄元《すみもと》、高国《たかくに》）による家督争いが勃発し、高国と組んだ前将軍の足利義稙《あしかがよしたね》が復職した。11代将軍の足利義澄《よしずみ》は逃亡。だが、その後、高国と衝突した義稙が京を出奔《しゅっぽん》したため、義澄の遺児、足利義晴《よしはる》が12代将軍に選ばれた。

戦国・安土桃山時代

大永

【だいえい】

期間	元年～8年 1521年9月23日～ 1528年9月3日
天皇	後柏原天皇 後奈良天皇
出典	『杜氏通典』「庶務至微至密、其大則以永業」
勘申者	菅原為学

謀略の天才・尼子経久がのしあがる

改元の理由は、戦乱が続いているためである。大永年間には、下剋上《げこくじょう》の典型ともいわれる尼子経久《あまごつねひさ》が出雲《いずも》（現在の島根県）の守護《しゅご》代の身分からのし上がり、中国地方一帯に大勢力を築き上げた。とくに、大永4（1524）年に経久が伯耆《ほうき》（現在の鳥取県）に侵攻し、1日で伯耆一円を制圧したという出来事は、「大永の五月《さつき》崩れ」と呼ばれている。ただ、近年の研究では、この侵攻は長期間にわたったというのが有力だ。また、大永6（1526）年には、駿河《するが》（現在の静岡県）守護の今川氏《いまがわうじ》親《ちか》が今川仮名目録（家法三十三箇条）という独自の法律を制定している。もはや、幕府の統制は完全に利かなくなっていた。

戦国・安土桃山時代

享禄

【きょうろく】

期間	元年〜5年 1528年9月3日〜 1532年8月29日
天皇	後奈良天皇
出典	『易経』「居天位享天禄、国家養賢者得行其道也」
勘申者	菅原長淳

財政困難に陥っていた朝廷

後奈良《ごなら》天皇の即位による改元とされている。ただ、後奈良天皇が即位したのは、改元の2年前、大永《だいえい》6(1526)年のことである。

この後奈良天皇の時代、朝廷は経済的に極めて困窮しており、資金不足から、後奈良天皇の即位式が行われたのは、即位から10年後のことであった。それも、今川《いまがわ》氏や北条《ほうじょう》氏といった戦国大名から寄付を募って、なんとか執《と》り行っている。

また、享禄4年(1531)年には、管領《かんれい》として幕政を牛耳《ぎゅうじ》っていた細川高国《ほそかわたかくに》が、細川晴元《はるもと》、赤松政祐《あかまつまさすけ》、三好元長《みよしもとなが》の連合軍に敗れる「大物崩れ《だいもつ》」が勃発《ぼっぱつ》。これにより、永正《えいしょう》年間から続いていた細川氏の内紛が決着した。

戦国・安土桃山時代

天文【てんぶん】

期間	元年〜24年 1532年8月29日〜1555年11月7日
天皇	後奈良天皇
出典	『書経』「孔安国曰、舜察天文斉七政」 『易経』「仰以観於天文、俯以察於地理」
勘申者	菅原長雅

鉄砲とキリスト教の伝来

戦乱が続くため、室町《むろまち》幕府12代将軍足利義晴《あしかがよしはる》の要請によって改元がなされたとされる。天文5（1536）年には、京都で法華宗《ほっけしゅう》と一向宗《いっこう》が衝突した「天文法華の乱」が勃発《ぼっぱつ》。これに言葉がよく似た「天文の乱」というのもあるが、こちらは天文11年（1542）年に起きた伊達《だて》氏の内紛である。

天文10（1541）年には武田信玄《たけだしんげん》が、天文17（1548）年には上杉謙信《うえすぎけんしん》が、それぞれ当主となり、勢力を伸ばしている。また、天文12年（1543）年にはポルトガル船が種子島《たねがしま》に漂着し、日本に鉄砲が伝来。天文18（1549）年にはキリスト教布教のため、フランシスコ・ザビエルが来日した。

戦国・安土桃山時代

弘治【こうじ】

期間	元年～4年 1555年11月7日～ 1558年3月18日
天皇	後奈良天皇 正親町天皇
出典	『北斉書』「祇承宝命、志弘治体」
勘申者	菅原長雅

美濃のマムシが娘婿に後事を託す

改元の理由は、戦乱が続いているため。弘治2（1556）年には、美濃《みの》（現在の岐阜県）を治めていた戦国大名の斎藤道三《さいとうどうさん》が、「長良《ながら》川《がわ》の戦い」で息子の義龍《よしたつ》と争い戦死した。死ぬ間際に道三は、娘婿《むこ》である織田信長《おだのぶなが》に対し、美濃を譲るという遺言状を残している。

また、弘治3（1557）年には、信濃《しなの》国川中島《かわなかじま》で甲斐《かい》の武田信玄《たけだしんげん》と越後《えちご》の上杉謙信《うえすぎけんしん》が激突した「川中島の戦い（3回目）」が起きている。もっとも、一番激しい衝突は4年後の永禄《えいろく》4年（1561）年の4回目の戦い。

ちなみに、すでに室町《むろまち》幕府の将軍は13代足《あし》利《かが》義輝《よしてる》となっていたが、戦国大名の三好長慶《みよしながよし》と争い、弘治年間は京都を追われていた。

戦国・安土桃山時代

永禄【えいろく】

期間	元年〜13年 1558年3月18日〜 1570年5月27日
天皇	正親町天皇
出典	『群書治要』「能保世持家、永全福禄者也」
勘申者	菅原長雅

◈「桶狭間の戦い」で信長が世に出る

正親町《おおぎまち》天皇即位による改元。このとき、室《むろ》町《まち》幕府将軍足利義輝《あしかがよしてる》は京を追われていたため改元を知らず、しばらくの間、前の元号である「弘治《こうじ》」を使い続けていたという。

その義輝も、永禄8（1565）年に三好《みよし》三人衆と戦国大名の松永久秀《まつながひさひで》の襲撃を受け、殺害された。これを「永禄の変」という。

いっぽう、この時代に躍進したのが織田信《おだのぶ》長《なが》だ。永禄3（1560）年に「桶狭間《おけはざま》の戦い」で今川義元《いまがわよしもと》を打ち破った信長は、永禄5（1562）年に徳川家康《とくがわいえやす》との清洲《きよす》同盟を結ぶことで背後を固めた。そして、永禄11（1568）年、信長は義輝の弟の義昭《よしあき》を新将軍として押し立て、上洛《じょうらく》を果たす。

戦国・安土桃山時代

元亀

【げんき】

期間	元年〜4年 1570年5月27日〜 1573年8月25日
天皇	正親町天皇
出典	『詩経』「憬彼淮夷、来献其琛、元亀象歯犬賂南金」 『文選』「元亀水処、潜竜蟠於沮沢、応鳴鼓而興雨」
勘申者	菅原長雅

元号をめぐる信長と将軍の確執

表向きの改元理由は戦乱のためだが、この改元には信長《のぶなが》に擁されて15代将軍となった足《あし》利《かが》義昭《よしあき》の強い働きかけがあったためとされている。だが、信長はこの動きが将軍の権威復活につながるとみて嫌い、改元に反対した。

それでも義昭は朝廷に金品を贈るなどして、改元を強行させた。この禍根《かこん》は後を引き、元亀3（1572）年に信長は義昭に意見書を出し、「元亀の年号、不吉に候間《そうろうあいだ》、改元然《しか》るべしの由」と改元を迫っている。

そして、両者の対立は深まり続け、元亀4（1573）年、ついに信長は義昭を京都から追放。これにより、実質的に室町《むろまち》幕府は滅亡した。

戦国・安土桃山時代

天正

【てんしょう】

期間	元年~20年 1573年8月25日~ 1593年1月10日
天皇	正親町天皇 後陽成天皇
出典	『文選』「君以下為基、民以食為天、正其末者端其本、善其後者慎其先」 『老子』「清静者為天下正」
勘申者	菅原長雅

将軍追放後、すぐに改元

15代将軍足利義昭《あしかがよしあき》を京都から追放し、事実上、室町《むろまち》幕府を崩壊させた織田信長《おだのぶなが》は、すぐに改元にとりかかった。当時、御所《ごしょ》に仕えていた女官《にょかん》たちの日記によれば、義昭追放の3日後には、信長から朝廷へ改元の奏請《そうせい》があったとされる。そして、追放から7日後に「天正」に改元された。前の元号である「元亀《げんき》」をめぐって義昭と確執《かくしつ》のあった信長にしてみれば、1日でも早く改元したかったのだろう。

もっとも、この改元は信長の意志が強く働いたものではあるが、朝廷内部でも1年ほど前から改元の動きはひそかに進められていたらしい。元号の選定作業は朝廷が行い、それを承認するという形をとることで、信長は朝廷の顔を立てている。それでも、この改元は信長がもっとも天下人《てんかびと》に近いことを内外に示した。

「天正」という元号は、『文選《もんぜん》』のなかの一文「君以下為基、民以食為天、正其末者端其本、善其後者慎其先」と、『老子《ろうし》』のなかの一文「清静者為天下正」から来ている。要約すれば、前者は「君主は民を基盤としており、民は食物を天と仰いでいる。物事を正そうと思えば、根本を整えるべき」という意味であり、後者は「清らかに静かにしていれば、天下の規範となる」という意味だ。

どちらも、「応仁《おうにん》の乱」以来、止《や》むことのない戦乱を終わらせ、民のために平和で安定した世の中にするという思いが込められている。この言葉通り、「天正」に改元されて以降、信長は着々と天下統一への歩みを進めていった。

信長から秀吉へと受け継がれた天下統一事業

織田信長は天正元(1573)年に、「一乗谷《いちじょうだに》城の戦い」で朝倉義景《あさくらよしかげ》を、「小谷《おだに》城《じょう》の戦い」で浅井長政《あざいながまさ》をそれぞれ打ち倒し、滅ぼしている。天正3(1575)年には、信長と徳川家康《とくがわいえやす》の連合軍が「長篠《ながしの》の戦い」で武田勝頼《たけだかつより》軍を破り、以後、戦国の雄《ゆう》であった武田氏は凋落《ちょうらく》。さらに、天正8(1580)年には、長年、信長を悩ませていた本願寺《ほんがんじ》勢力と和議を結ぶことで、10年にわたって続いた「石山合戦《いしやまかっせん》」をついに終結させた。

また、この間、天正4（1576）年に琵琶湖の畔《ほとり》に築城を開始した安土《あづち》城が、天正7（1579）年に完成している。西洋の城砦《じょうさい》に勝るとも劣らない壮大な城が、信長の居城となった。

こうして、信長の天下統一は目前かと思われた。ところが、天正10（1582）年、臣下であった明智光秀《あけちみつひで》が突如謀反《むほん》を起こし、信長は命を絶たれてしまう。「本能寺《ほんのうじ》の変」である。その光秀を、信長の子飼いであった豊臣（羽柴《はしば》）秀吉が「山崎《やまざき》の合戦」で討ち果たしたことで、秀吉が信長の後継者と目されるようになっていった。

天正13（1585）年、朝廷から関白《かんぱく》の位を授かった秀吉は四国を平定し、天正15（1587）年には九州をも平定。そして、天正18（1590）年には、最後の障害として残っていた北条《ほうじょう》氏を「小田原《おだわら》征伐」で降伏させた。これにより、100年以上の長きにわたって日本全土で繰り広げられた戦乱は終わりを告げ、秀吉によって天下統一がなされたのである。

その他、天正年間に起きた出来事としては、天正10年（1582）年、大友宗麟《おおともそうりん》、有馬晴信《ありまはるのぶ》、大村純忠《おおむらすみただ》ら九州のキリシタン大名が4人の少年をローマに派遣した「天正遣欧《けんおう》少年使節」がある。使節は旅立ちから3年後、遠くローマの地でローマ教皇グレゴリウス13世への謁見を果たした。少年たちが帰国したのは、天正18年のことだ。ただ、日本では天正15年に秀吉がバテレン追放令を出したため、国内でのキリスト教の活動はかなり制限されていた。それでも、帰国後、少年たちは秀吉の前で西洋音楽を演奏している。

もうひとつ、天正年間の出来事としては、天正13（1585）年に北陸から畿内にまたがる一帯で大地震が起きている。のちに「天正地震」と呼ばれるこの震災の影響で、飛驒《ひだ》（現在の岐阜県）の帰雲山《きうんざん》が山崩れを起こし、帰雲城が埋没。城主の内ヶ島氏理《うちがしまうじまさ》と一族は全員死亡し、内ヶ島氏は滅亡した。以後、帰雲城があった正確な場所はわからなくなってしまい、内ヶ島氏の領地に金山があったことなどから、地中の城に隠された埋蔵金伝説が現在に至るまで根強く語られることとなる。

最後に余談だが、「はじめに」で触れたように、天正10（1582）年、ヨーロッパでは暦（西暦）がユリウス暦からグレゴリオ暦に切り替わった。そのため、本書における天正が始まった西暦の日付はユリウス暦だが、最後の日付はグレゴリオ暦となっている。もちろん、当時の日本人はそんなことを知るよしもない。

戦国・安土桃山時代

文禄
【ぶんろく】

期間	元年〜5年 1593年1月10日〜 1596年12月16日
天皇	後陽成天皇
出典	『通典』「凡京文武官、毎歳給禄」
勘申者	菅原盛長

海外に向けられた豊臣秀吉の野心

後陽成《ごようぜい》天皇の即位による改元ということになっているが、即位したのは約6年前の天正《てんしょう》14年（1586）年であり、時期的には、かなりずれこんでいる。一説には、子供のいなかった豊臣秀吉《とよとみひでよし》の養子となった豊臣秀次《ひでつぐ》が関白《かんぱく》になったための改元ともいう。もっとも、秀次は秀吉に実子の豊臣秀頼《ひでより》が生まれると次第に疎《うと》まれるようになり、文禄4（1595）年に自害に追い込まれている。

さて、天下が統一されたことで国内は平和になったが、秀吉の征服欲は満たされておらず、その目は海外に向けられた。そして、琉球《りゅうきゅう》、台湾、ゴアのポルトガル政庁、マニラのスペイン政庁などに服属と入貢《にゅうこう》を求めた。もちろん、これらの要求は無視されている。また、朝鮮にも入貢を求め、さらに明《みん》侵攻のための先導を務めるよう要求した。秀吉自身は明を征服したあと、そのままインドまで征服するつもりだったという。

だが、朝鮮もこれを拒否。すると秀吉は天正20（1592）年に肥前《ひぜん》（現在の佐賀県、長崎県）の名護屋《なごや》に本陣を置き、15万以上の大軍を朝鮮に派遣した。「**文禄の役《えき》**」である。天正年間に開始されながらも「**文禄の役**」と呼ばれるのは、この戦争が文禄年間にまたがっているためだ。

緒戦において日本軍は勝利を重ね、短期間で漢城《かんじょう》（ソウル）、平壌《へいじょう》（ピョンヤン）を占領することに成功した。しかし、朝鮮軍の抵抗と明《みん》の援軍により、戦線は膠《こう》着《ちゃく》状態に陥っていく。そこで、現地の日本軍は明軍と休戦し、講和交渉を進めた。

ところが、日本軍側は秀吉に明が降伏したという報告を行い、明側は反対に日本が降伏したという報告を行ってしまう。ようするに、現地では双方とも早く戦争を終わらせたかったということだ。この嘘《うそ》が、文禄5年（1596）年に秀吉にばれてしまい、和平交渉は決裂。秀吉は再度の朝鮮侵攻の準備を進めることとなった。

このような大きな歴史の流れとは関係ないが、文禄3（1594）年には、盗賊の石川五右衛門《いしかわごえもん》が秀吉の手勢に捕らえられ、京都の三条河原で処刑されている。

慶長【けいちょう】

戦国・安土桃山時代

期間	元年~20年 1596年12月16日~ 1615年9月5日
天皇	後陽成天皇 後水尾天皇
出典	『毛詩注疏』「文王功徳深厚、故福慶延長也」
勘申者	菅原為経

◎徳川家康が江戸幕府を開く

文禄《ぶんろく》年間の最後の年である文禄5（1596）年に巨大地震が相次いだため、改元となった。「慶長」のもととなった「文王功徳深厚、故福慶延長也」という一文は、名君として誉《ほま》れ高い中国・周《しゅう》の文王《ぶんおう》の徳の高さを称《たた》えたものであり、それゆえ「良いことが、いつまでも続いていく」という意味だ。しかし、慶長年間において「良いこと」が続いたのは、豊臣《とよとみ》秀吉《ひでよし》ではなく、徳川家康《とくがわいえやす》であった。

慶長2（1597）年、秀吉はふたたび朝鮮に14万以上の兵を送り込み、**「慶長の役」**が勃発《ぼっぱつ》する。この「慶長の役」は、前回の**「文禄の役」**と合わせて**「慶長・文禄の役」**と呼ばれることもある。

だが、今回は緒戦から日本軍は苦戦を余儀なくされた。そして、翌年に秀吉が病死したことにより、早々に撤退してしまう。そもそも「慶長・文禄の役」に積極的な大名はほとんどおらず、また、無謀な戦争に膨大な資金を費やしたこともあって豊臣政権は弱体化していた。そこに、秀吉の死が追い打ちをかけた。この好機を逃さなかったのが家康だ。

豊臣政権下で五大老《たいろう》の地位にあった家康は、豊臣政権の存続を図っていた五奉行《ぶぎょう》の一人、石田三成《いしだみつなり》と衝突。慶長５（１６００）年、全国の大名は家康の東軍と三成の西軍に分かれ、雌雄を決することとなった。「関ヶ原《せきがはら》の戦い」である。この戦いに勝利を収めたことで、家康が天下を握ることとなった。

慶長８（１６０３）年、朝廷から征夷大将軍《せいいたいしょうぐん》の位を授かった家康は、江戸に幕府を開いた。江戸（徳川）幕府の始まりである。やがて、慶長10（１６０５）年になると、家康は息子の徳川秀忠《ひでただ》に将軍職を譲っている。これは、将軍職が徳川家の世襲であることを諸大名に示すためであった。

この時点で、豊臣家は一大名として存続していたが、慶長19年（１６１４）年の「大坂冬の陣」と、翌年の「大坂夏の陣」により、幕府は豊臣家を滅亡に追い込む。こうして、以後２５０年以上続く徳川家の支配は盤石《ばんじゃく》なものとなった。

最長元号と最短元号

天皇１代につきひとつの元号という「一世一元《いっせいいちげん》の制」により、昭和《しょうわ》と明治《めいじ》は長い。ランキングには入っていないが、平成《へいせい》もベスト５入りは確定だ。明治以前では20年続いた元号はわずか９例しかない。

短命元号の１位となった朱鳥《しゅちょう》は、天武《てんむ》天皇の崩御《ほうぎょ》までとすると最短だが、使用年月が判明しているものでは鎌倉時代の暦仁《りゃくにん》となる。ただ、改元すると使用開始年の１月までさかのぼるため、実際の期間は２カ月半でも、年をまたいで２年となっている。

長寿元号ベスト５

１位　昭和64年（62年14日）
２位　明治45年（43年９カ月）
３位　応永35年（33年10カ月）
４位　延暦25年（23年８カ月）
５位　正平25年（23年７カ月）

短命元号ベスト５

１位　朱鳥１年（２カ月10日？）
２位　暦仁2年（２カ月14日）
３位　天平感宝１年（３カ月15日）
４位　元仁２年（４カ月29日）
５位　康元２年（４カ月？日）

江戸時代

江戸時代

元和【げんな】

期間	元年〜10年 1615年9月5日〜 1624年4月17日
天皇	後水尾天皇
出典	――
勘申者	菅原為経

中国の元号をそのまま使う

後水尾《ごみずのお》天皇の即位による改元だが、この「元和」は、かなり特殊な元号である。9世紀の中国・唐《とう》の憲宗《けんそう》皇帝の代の年号をそのまま使っているのだ。

こうなった理由は、徳川家康《とくがわいえやす》が定めた禁中並公家諸法度《きんちゅうならびにくげしょはっと》に「改元は中国の元号から良いものを選ぶべき」とあったためだ。もっとも、同法には「今後習礼を重ねて慣れたら、日本の先例によってもよい」ともあり、これ以降は、従来通りの決め方に戻っている。改元は朝廷の専任事項だが、家康としては1度にらみを利かせておきたかったのだろう。

元和9（1623）年には、江戸幕府3代将軍に徳川家光《いえみつ》が就任している。

江戸時代

寛永

【かんえい】

期間	元年〜21年 1624年4月17日〜 1645年1月13日
天皇	後水尾天皇 明正天皇 後光明天皇
出典	『毛詩朱氏注』「寛広、永長」
勘申者	菅原長維

「島原の乱」と「寛永の大飢饉」

「甲子《かっし》革令」による改元だが、一説には徳川《とくがわ》家光《いえみつ》の征夷大将軍《せいいたいしょうぐん》就任も影響しているという。先の「元和《げんな》」への改元には、江戸幕府が朝廷に圧力をかけたという一面があった。寛永6（1629）年に、もうひとつ幕府が朝廷に圧力をかける出来事が起きる。「紫衣《しえ》事件」である。

かねてから、高位の僧侶だけが着られる紫色の法衣《ほうえ》や袈裟《けさ》は朝廷が授けることになっていた。だが、禁中並公家諸法度《きんちゅうならびにくげしょはっと》を徳川家康が定めると、朝廷が勝手に紫衣を授与することは禁止された。幕府としては、朝廷と宗教界のつながりを断ち、今後は、幕府が宗教をも管理することを示したかったのである。

それでも、しばらく朝廷は法を無視して紫衣の授与を続けていたが、それを知った幕府は天皇の出した紫衣着用の勅許《ちょっきょ》を無効とし、僧侶たちから強硬に紫衣を取り上げてしまった。こうして、天皇の勅許よりも、幕府の法令のほうが上であることが明確にされた。ちなみに、後水尾《ごみずのお》天皇は「紫衣事件」の年に退位しており、この一件に不満を覚えたためともいわれている。

このように、実力でもって国の統治を進めていった幕府だが、そんな幕府を揺るがす事件が寛永14（1637）年に起きる。九州のキリスト教徒と年貢に苦しむ農民たちが、16歳の少年天草四郎《あまくさしろう》を総大将として起こした大規模一揆《いっき》「島原の乱」だ。この乱を鎮めるのに、幕府は4カ月近くもかかった。以後、国内のキリスト教徒は厳しく弾圧され、さらに、明《みん》、朝鮮、琉球《りゅうきゅう》、オランダ、アイヌ民族以外との交渉が禁じられ、日本は、いわゆる鎖国《さこく》状態となった。

「島原の乱」を鎮圧し、ようやく落ち着いたかと思った矢先の寛永17（1640）年、相次ぐ異常気象から飢饉《ききん》が起きてしまう。江戸四大飢饉のひとつである「**寛永の大飢饉**」だ。被害は日本全土に広がったが、とくに東日本の日本海側が壊滅的な状態となり、多くの餓死者を出した。この飢饉は寛永20（1643）年まで続き、江戸、京都、大坂の三都への人口流入が増大した。

江戸時代

正保

【しょうほう】

期間	元年〜5年 1645年1月13日〜1648年4月7日
天皇	後光明天皇
出典	『尚書正義』「先正保衡佐我烈祖、格于皇天」
勘申者	菅原知長

「正保」は「焼亡」に通ず

後光明《ごこうみょう》天皇即位による改元とされている。

また、前の元号である「寛永《かんえい》」のときに、天皇が3代にわたってしまい、一元号三帝の前例がなかったことも改元の理由とされる。

ただ、この「正保」は非常に評判が悪かった元号である。その悪評のひとつは、「しょうほう」という響きが「焼亡《しょうぼう》」につながるというものであった。また、「正保元年」と書いた場合、「正に保元《ほうげん》の年」と読めてしまうことも不評の原因となった。平安時代末期の保元年間は、大きな乱の起きた時代であり、不吉だと考えられたのである。

これら世評の低さに耐えきれず、「正保」は短期間で改元された。

江戸時代

慶安

【けいあん】

期間	元年〜5年 1648年4月7日〜 1652年10月20日
天皇	後光明天皇
出典	『易経』「乃終有慶、安貞之吉、応地無疆」
勘申者	菅原為適

由比正雪の幕府転覆計画

前の元号「正保《しょうほう》」が不評だったための改元。「慶安」のもととなった一文は、鎌倉時代の元号「安貞《あんてい》」と重なる。

慶安4（1651）年には、江戸幕府3代将軍の徳川家光《とくがわいえみつ》が死去している。4代将軍となったのは家光の子である徳川家綱《いえつな》であった。このとき家綱は、まだ11歳と幼かったが、それでも体制が揺らぐことがないほど江戸幕府は盤石《ばんじゃく》なものとなっていた。

ただ、幕末を除いた江戸時代においては非常にめずらしい、幕府転覆未遂事件である「**慶安の変**」が、家綱の将軍就任直後に起きている。首謀者の由比正雪《ゆいしょうせつ》は、将軍家や大名から仕官の声がかかるほど優秀な軍学者であったが、それには応《こた》えず、江戸で塾を開き、多くの門弟を集めていた。そんななか、牢人《ろうにん》で宝蔵院《ほうぞういん》流の槍術《そうじゅつ》道場を開いていた丸橋忠弥《まるばしちゅうや》らと知り合い、幕府転覆を計画するようになる。

その計画とは、忠弥が江戸城に火をつけ、その隙に乗じて幕臣を討ち取り、家綱を誘拐。同時に正雪は京都で挙兵し、天皇を擁して勅命を得ることで、全国の牢人たちに決起を呼びかけるというものであった。だが、仲間の裏切りによって、計画は実行前に幕府にばれてしまう。忠弥は江戸で捕縛され、正雪も駿府《すんぷ》で捕り方に囲まれ、自害に追い込まれた。こうして、幕府転覆計画は未然に防がれた。

「慶安の変」に、どの程度成功の可能性があったかはわからないが、正雪が計画を思いついた背景には、全国で牢人が増大し、彼らの不満が高まっていたという時代状況がある。戦国時代が終わり、平和な世の中になったことで、多くの武士が生活に困窮するようになっていたのだ。

そこで幕府は、各藩に積極的に牢人を採用するよう奨励したり、改易《かいえき》の条件を緩和するなどして牢人の増加を防ぐいっぽう、江戸に住む牢人の取締りを強化した。また、武力で威圧し多くの藩を取り潰した家光の代までの武断政治から、法制度の整備などによって秩序の安定を図る文治政治へと方針を転換していった。

江戸時代

承応【じょうおう】

期間	元年〜4年 1652年10月20日〜 1655年5月18日
天皇	後光明天皇 後西天皇
出典	『晋書』「夏商承運、周氏応期」
勘申者	菅原知長

大都市・江戸のインフラ整備が進む

江戸幕府4代将軍・徳川家綱《とくがわいえつな》の征夷大将軍《せいいたいしょうぐん》就任による改元とも伝えられているが、明確な改元理由は不明。

他の候補としては、「文嘉」「享応」「承禄」「承延」が挙がっていたという。

承応元（1652）年には、人口増大で水不足に悩む江戸の飲料水確保のため、玉川《たまがわ》上水《じょうすい》の建設が始まっている。上水道は約1年半の工事により、承応3（1654）年に完成した。ちなみに、玉川上水の一部区間は現在も使用されている。

承応3年には、中国から禅僧の隠元隆琦《いんげんりゅうき》が招かれて来日。隠元は、日本にインゲン豆を持ち込んだ人物ともいわれる。

江戸時代

明暦

【めいれき】

期間	元年〜4年 1655年5月18日〜 1658年8月21日
天皇	後西天皇
出典	『漢書』「大法九章、而五紀明暦法」
勘申者	菅原為庸

江戸市中を焼き尽くした「明暦の大火」

後西《ごさい》天皇即位による改元。この明暦年間に起きたもっとも大きな出来事は、江戸三大大火のひとつに数えられる、「明暦の大火」だろう。

明暦3(1657)年、本郷丸山の本妙寺《ほんみょうじ》が火元となり火災が発生。炎は神田、京橋方面を焼きつくし、隅田川対岸にまでおよんだ。いったん火勢は弱まったと思われたが、小石川伝通院表門下でふたたび出火し、飯田橋から九段一帯が延焼。このとき、江戸城の天守閣、二の丸、三の丸も焼失している。さらに、麴町《こうじまち》からも火の手があがり、炎は南東方面へ延びたあと新橋の海岸に至り、ようやく鎮火した。

この「明暦の大火」によって、江戸市中の55パーセントが焼け、死者数については諸説あるが、少なく見積もっても3万人、多く見積もれば10万人が焼け死んだと考えられている。

最初の火元となった本妙寺では、供養《くよう》のために振袖《ふりそで》を焼いていたところ、突如、強風が吹き、瞬《また》く間に火が燃え広がったという。そのため、「明暦の大火」は「振袖火事」とも呼ばれている。もっとも、本当の火元は本妙寺ではなく、老中《ろうじゅう》・阿部《あべ》忠秋《ただあき》の屋敷であったという説もある。老中の屋敷からの失火ということになると幕府の責任問題になるため、本妙寺のせいにしたというのだ。

また、本郷、小石川、麹町の3カ所が連続して火元となったことから、意図的な放火説も根強く語られている。当時、江戸の町は急激な人口増により、都市機能が限界に達していた。そこで、一気に都市改造を進めるため、江戸幕府がみずから火をつけたというのである。実際、この火災のあと、御三家の屋敷をはじめとする武家屋敷、大名屋敷が江戸城外へ転出。隅田川には何本も橋が架けられ、隅田川東岸に市街地が拡大した。その他、延焼を遮断する防火線として広小路《ひろこうじ》が設置されるなど、都市改造が速《すみ》やかに進められていった。ただ、この火災では江戸城も甚大な被害を受けているため、幕府が放火犯であったかどうかは不明である。

江戸時代

万治

【まんじ】

期間	1658年8月21日～1661年5月23日　元年～4年
天皇	後西天皇、
出典	『史記』「衆民乃定、万国為治」『貞観政要』「本固万事治」
勘申者	菅原豊長

名古屋でも大火災が発生

「明暦《めいれき》の大火」による改元。「万治」のもとなった一文、「衆民乃定、万国為治」「本固万事治」には、どちらも「すべてが治まる」という意味がある。江戸の町を焼き尽くした火災から復興し、安定した社会にしたいという思いが込められていたのだろう。

万治元（1658）年、幕府直轄の定火消《じょうびけし》役が置かれるなど、火災対策が行われたが、江戸時代は火事の多い時代であり、万治3（1660）年に尾張《おわり》国（現在の愛知県）名古屋の城下町で大火災が発生してしまう。「万治の大火」である。

この火災により、町屋、武家屋敷合わせて2000軒以上が焼失。

江戸時代

寛文【かんぶん】

期間	元年～13年 1661年5月23日～ 1673年10月30日
天皇	後西天皇 霊元天皇
出典	『荀子』「節奏陵而文、生民寛而安、上文下安、巧妙之極也」
勘申者	菅原為庸

◎芝居や小説の題材になった「伊達騒動」

万治《まんじ》4（1661）年に京都で火事があり、皇居、上皇《じょうこう》御所《ごしょ》が焼けたことによる改元である。このとき幕府は、皇居の再建を諸大名に命じている。

寛文2（1662）年には、近畿地方北部を中心に「**寛文近江《おうみ》・若狭《わかさ》地震**」と呼ばれる大地震が発生。とくに京都の被害は大きく、二条《にじょう》城や伏見《ふしみ》城が破損し、町屋が1000軒以上潰れた。そのため、この地震は「**寛文京都地震**」とも呼ばれている。

寛文11（1671）年には、伊達《だて》家のお家騒動である「伊達騒動」が起きている。仙台藩家老が藩の重鎮を惨殺した血生臭い事件は、のちに多くの芝居や小説の題材となった。

江戸時代

延宝

【えんぽう】

期間	元年～9年 1673年10月30日～1681年11月9日
天皇	霊元天皇
出典	『隋書』「分四序、綴、三光、延寶祚、渺無疆」
勘申者	菅原為庸

ふたたび皇居が焼失したため改元

前の元号である「寛文《かんぶん》」も皇居が火事で焼けたことが改元の理由だったが、その寛文13（1673）年にふたたび皇居で火災が起こり、改元の運びとなった。朝廷にとっては災難続きである。

延宝5（1677）年には、三陸沖が震源地とされる「延宝八戸《はちのへ》沖地震」と、房総半島沖が震源地とされる「延宝房総沖地震」が立て続けに発生。とくに「延宝房総沖地震」では大津波が発生し、甚大な被害が出ている。

延宝8（1680）年には、江戸幕府4代将軍徳川家綱《とくがわいえつな》が死去。家綱に跡継ぎになる男子がいなかったため、弟の綱吉《つなよし》が5代将軍となった。

江戸時代

天和

【てんな／てんわ】

期間	元年〜4年 1681年11月9日〜 1684年4月5日
天皇	霊元天皇
出典	『後漢書』「天人協和、万国咸寧」
勘申者	菅原在庸

お七は「天和の大火」の犯人ではない

「辛酉《しんゆう》革命」による改元。天和2（1682）年、駒込の大円寺《だいえんじ》から出火し、死者3000人以上を出した「天和の大火」が発生。この火事は別名「お七《しち》火事」と呼ばれるが、八百《やお》屋《や》の娘であるお七が、「天和の大火」からの避難先で出会った青年に、もう1度会うために火をつけた故事からきている。

同年、井原西鶴《いはらさいかく》が処女作である『好色一《こうしょくいち》代男《だいおとこ》』を発表。西鶴はのちに発表した『好色五人女』のなかで、八百屋お七を扱っている。

江戸幕府5代将軍となったばかりの徳川綱《とくがわつな》吉《よし》は、学問に力を入れ、家柄が低くても才能がある者を取り立てた。そのため、その治世の前半は「天和の治」とたたえられた。

江戸時代

貞享【じょうきょう】

期間	元年～5年 1684年4月5日～ 1688年10月23日
天皇	霊元天皇 東山天皇
出典	『易経』「永貞吉、王用享于帝吉」
勘申者	菅原恒長

◎悪評高き「生類憐みの令」

「甲子《かっし》革令」による改元。「貞享」のもととなった一文は、「いつまでも正しくいて、王が天を祀《まつ》れば良いことがある」といった意味だ。

その治世の前半においては善政を行い、周囲の評価も高かった江戸幕府5代将軍徳川綱《とくがわつな》吉《よし》だが、天和《てんな》3（1683）年に一子である徳松《とくまつ》を亡くしたころからおかしくなる。老《ろう》中《じゅう》たちを遠ざけるようになり、身内を厚遇しだしたのだ。

さらに、貞享4（1667）年に、犬、猫のみならず、鳥、魚、虫に至るまで、いっさいの殺生《せっしょう》を禁じる法令、いわゆる「生類憐《しょうるいあわれ》みの令」を制定。庶民の強い反感を買った。

江戸時代

元禄

【げんろく】

期間	元年～17年 1688年10月23日～ 1704年4月16日
天皇	東山天皇
出典	『文選』「建立元勳、以歴顯祿、福之上也」
勘申者	菅原長量

「元禄文化」と赤穂浪士の討ち入り

東山《ひがしやま》天皇の即位による改元。江戸幕府5代将軍徳川綱吉《とくがわつなよし》の治世への不満の声はあったものの、平和が長く続き、商工業および流通が発達したことにより、このころ日本は好景気にあった。

そんななか、京都や大坂などの上方《かみがた》を中心に花開いたのが「元禄文化」である。それまでの文化が公家《くげ》や僧侶、武士といった特権階級によって支えられていたのに対し、町人や商人、裕福な農民たちも担い手になったことが、元禄年間の文化の特徴だ。

代表的な「元禄文化」の担い手としては、浮世草子《うきよぞうし》作家の井原西鶴《いはらさいかく》、戯作者《げさくしゃ》の近松門左衛門《ちかまつもんざえもん》、俳諧師《はいかいし》の松尾芭蕉《まつおばしょう》などが挙げられる。

ちなみに、芭蕉が有名な『奥の細道』の旅に出発したのは、元禄2（1689）年のことであった。また、この時期、朱子学《しゅしがく》をはじめとする儒学が盛んになり、自然科学などの諸学問も発達している。

このように、比較的、元禄年間は太平の世であったが、元禄14年（1701）年に大きな事件が起きる。「赤穂《あこう》事件（赤穂浪士の討ち入り）」だ。播磨《はりま》赤穂藩主の浅野内匠頭《あさのたくみのかみ》が、突如、江戸城松之大廊下で高家旗本《こうけはたもと》の吉良上野介《きらこうずけのすけ》を斬りつけ、その罪により、浅野は即日切腹、浅野家も改易《かいえき》となった。しかし、浅野家家老《かろう》の大石《おおいし》内蔵助《くらのすけ》はこの処分を不服とし、元禄15（1702）年の暮れに46人の同士とともに吉良邸に討ち入り、主君の仇《かたき》を討った。

この事件は幕府の秩序を乱すものであり、大石らは全員切腹を命じられた。だが、平和な世の中で武士の存在意義が薄れつつあったなかで起きた仇討ち事件に対して、庶民たちは喝采を送り、その後、無数の芝居や小説の題材となった。

大石らが幕府の命《めい》で切腹させられた元禄16（1703）年、房総半島南端を震源地とする巨大地震である「**元禄地震**」が発生。江戸の被害は軽微だったが、津波が発生したことで、房総半島から相模《さがみ》灘沿岸の被害は極めて大きかった。当時、この地震は、赤穂浪士たちの恨みによるものだという噂《うわさ》が流れたという。

江戸時代

宝永

【ほうえい】

期間	元年〜8年 1704年4月16日〜 1711年6月11日
天皇	東山天皇 中御門天皇
出典	『旧唐書』「寶祚惟永、暉光日新」
勘申者	菅原為範

地震、火事、富士山大噴火

前年に「元禄地震《げんろくじしん》」が起きたための改元だが、宝永年間は災害の多い時代となった。

宝永4（1707）年には、東海道沖から南海道沖を震源とする巨大地震「宝永地震」が発生。とくに、東海道、伊勢湾沿い、紀伊半島の被害は甚大で、総死者数は2万人にもおよんだとされる。また、同年には富士山が大噴火した。この「宝永大噴火」により、江戸の町にも火山灰が数センチ積もった。さらに、宝永5（1708）年には京都で「宝永の大火」が発生し、京の町を焼き尽くした。

宝永6（1709）年、5代将軍の徳川綱吉《とくがわつなよし》が死去。6代将軍となったおいの徳川家宣《いえのぶ》は、すぐに「生類憐《しょうるいあわれ》みの令」を廃止した。

江戸時代

正徳

【しょうとく】

期間	元年～6年 1711年6月11日～ 1716年8月9日
天皇	中御門天皇
出典	『書経』「正徳、利用、厚生、惟和」
勘申者	菅原総長

新井白石の「正徳の治」

中御門《なかみかど》天皇即位による改元。江戸幕府6代将軍となった徳川家宣《とくがわいえのぶ》は、前将軍の徳川綱吉《つなよし》の側近を追い払い、儒学者の新井白石《あらいはくせき》を顧問として重用《ちょうよう》。積極的な幕政改革を行おうとした。

ところが、正徳2（1712）年に家宣が病死してしまう。将軍職に就いたのが48歳と、当時としては高齢であったために致し方ない面もあるが、在職わずか3年の短さであった。

7代将軍となったのは、家宣の子である徳川家継《いえつぐ》である。だが、このとき家継はわずか4歳。そこで、幕政の実務は引き続き白石が中心となって行うこととなる。

白石は物価の高騰を抑えるために、元禄年

間に下がっていた金の含有率をもとに戻した「正徳小判」を発行。また、多くの金銀が流出していた長崎貿易を縮小した。その他、武家諸法度《はっと》の改訂や、朝鮮からの使者である朝鮮通信史の待遇を簡素化、賄賂《わいろ》の横行を防ぐために1度廃止されていた勘定吟味役《かんじょうぎんみやく》を復活させるなど、幕政の刷新を進めた。これらの改革を「正徳の治（正徳の政治）」という。

「正徳の治」における政策は、成果を挙げたものもあれば、失敗に終わったものもあるが、この時期、白石が政治の実権を握っていたことは確かである。急進的な改革を進めようとする白石は守旧派の幕臣と衝突したが、強引にみずからの政策を押し通し、反対派からは「鬼」と呼ばれた。

ちなみに、「正徳」のもととなった「正徳、利用、厚生、惟和」という一文は、「道徳を正すこと、民の力と財を活用すること、民の生活を豊かにすること、この三つを調和させることが大切だ」という意味である。この元号の選定にも白石が深く関わっていたとされる。

しかし、正徳6（1716）年に家継が風邪をこじらせて夭折《ようせつ》すると、後ろ盾を失った白石は失脚。白石の行った改革の多くは、8代将軍となった徳川吉宗《よしむね》によって覆《くつがえ》された。

江戸時代

享保【きょうほう】

期間	元年〜21年 1716年8月9日〜 1736年6月7日
天皇	中御門天皇 桜町天皇
出典	『後周書』「享茲大命、保有万国」
勘申者	菅原長義

徳川吉宗の「享保の改革」

表向きの改元理由は、変異によるものとされている。だが、実際には徳川《とくがわ》幕府7代将軍徳川家継《いえつぐ》の死去による改元であり、幕府の強い意向のもとで行われたものともいわれている。幕府としては、以後、将軍の代替わりによる改元を慣習化したかったようだが、それは定着せずに終わった。

家継に跡取りがいなかったため、徳川本家の血筋は絶えてしまった。そこで、御三家の中の紀州徳川家から徳川吉宗《よしむね》が将軍に選ばれた。将軍の座に就いた吉宗は、みずから積極的に幕政改革に乗り出し、「享保の改革」と呼ばれる政策を次々に打ち出していく。

享保6（1721）年に、市井《しせい》の人々の意

見を取り入れるために江戸城辰ノ口《たつのくち》に目安箱《めやすばこ》を設置。その目安箱に入れられた投書がきっかけで、翌年には無料医療施設である小石川養生所《こいしかわようじょうしょ》が設置された。

同年には、各藩が石高《こくだか》1万石につき100石の割合で米を幕府に献上する代わりに、参勤交代の期間を1年から半年に緩和する「上米《あげまい》の制」も実施。また、同時期に年貢徴収法を、その年の収穫によって変化する「検見《けみ》法」から、豊作不作関係なく一定量を徴収する「定免《じょうめん》法」に変更した。さらに、享保13（1728）年には、年貢の割合を、それまでの「四公六民制」から「五公五民制」に変えた。

「上米の制」も「定免法」も「五公五民制」も、すべて悪化していた幕府の財政状況を改善するためのものであった。これらの政策により、ある程度、幕府の財政は回復したが、財政難を公言するような「上米の制」によって幕府の権威は失墜。「定免法」と「五公五民制」によって農民の生活は苦しくなり、一揆《いっき》が増加した。

そんななか、享保17（1732）年、冷夏と虫害が原因で、西日本を中心に大飢《き》饉《きん》が発生してしまう。江戸四大飢饉のひとつ「享保の大飢饉」だ。これにより、西日本の諸藩の収穫は3割弱に落ち込み、餓死者も100万人近く発生したとされる。

さらに、翌年には米価が高騰。困窮した江戸の町人たちは米商人の蔵を襲い、「享保の打ちこわし」を行った。

江戸時代

元文【げんぶん】

期間	元年～6年 1736年6月7日～ 1741年4月12日
天皇	桜町天皇
出典	『文選』「武創元基、文集大命、皆体天作制、順時立政、至于帝皇、遂重熙而累盛」
勘申者	菅原在秀

◎アメリカより早かったロシアの黒船

桜町《さくらまち》天皇即位による改元。元文４（１７３９）年に、鳥取藩で大規模な百姓一揆《いっき》が起きている。「元文一揆」、ないしは一揆首謀者の名前から「勘右衛門《かんえもん》騒動」と呼ばれるこの一揆には、因幡《いなば》国（現在の鳥取県東部）と伯耆《ほうき》国（現在の鳥取県西部）から５万人もの農民が参加した。同年には、ロシアの探検船が突如、日本近海に現れ、牡鹿《おしか》半島、房総半島、伊豆《いず》下田などに上陸した。これを「元文の黒船」という。いわゆる鎖国《さこく》政策を採っていた幕府との交渉はなかったが、ロシア船船員は現地住民と交流。そこで得られた情報から、日本は初めてロシアの存在を知った。ちなみに、ペリーの黒船来航は、この１１４年後のことだ。

江戸時代

寛保

【かんぽ／かんぽう】

期間	元年～4年 1741年4月12日～ 1744年4月3日
天皇	桜町天皇
出典	『国語』「寛所以保本也、注曰、本位也、寛則得衆」
勘申者	菅原長香

川の氾濫で両国橋が流される

「辛酉《しんゆう》革命」による改元。寛保2（1742）年に、江戸幕府の基本法典である公事方御《くじかたお》定書《さだめがき》が完成。8代将軍徳川吉宗《とくがわよしむね》のもとで幕政にも関わっていた大岡越前《おおおかえちぜん》こと寺社奉行《ぶぎょう》の大岡忠相《ただすけ》も、この法典の作成に携わったという。公事方御定書のなかのいくつかの条文は、明治時代まで有効なままであった。

また、同年には近畿、信越、関東を未曽有《みぞう》の暴風雨が襲い、利根川、荒川、多摩川が氾《はん》濫《らん》。下流にあった江戸の町では、両国橋などいくつかの橋が流され、浸水による多数の溺《でき》死《し》者が出た。これはのちに、「寛保2年の江戸洪水」と呼ばれた。

江戸時代

延享【えんきょう】

期間	元年～5年 1744年4月3日～ 1748年8月5日
天皇	桜町天皇 桃園天皇
出典	『芸文類聚』「聖主寿延、享祚元吉、自天之祐、莫不抃舞」
勘申者	菅原長香

大御所として実権を離さなかった吉宗

「甲子《かっし》革令」による改元。延享2（1745）年、江戸幕府8代将軍徳川吉宗《とくがわよしむね》は、長男の徳川家重《いえしげ》に将軍職を譲り、隠居。だが、その後も大御所《おおごしょ》として、幕政の実権を握り続けた。

9代将軍となった家重は言語が不自由であり、体も弱く、政治的には無能だったといわれている。

ただ、反対に聡明だったという説もある。この家重の将軍就任と同時に、家重の小姓《こしょう》だった田沼意次《たぬまおきつぐ》が頭角を現し始めた。

延享5（1748）年には、加賀《かが》藩でお家騒動の「加賀騒動」が勃発《ぼっぱつ》。これは、「伊達《だて》騒動」と「黒田騒動」あるいは「仙石騒動」と並び、三大お家騒動と呼ばれている。

江戸時代

寛延

【かんえん】

期間	元年〜4年 1748年8月5日〜 1751年12月14日
天皇	桃園天皇
出典	『文選』「開寛裕之路、以延天下之英俊也」
勘申者	菅原為範

江戸幕府中興の祖である吉宗死す

桃園《ももぞの》天皇即位による改元。朝廷は、もう少し早い時期の改元を考えていたが、徳川家継《とくがわいえつぐ》の三十三回忌法要と重なったため幕府が難色を示し、2カ月半延期されたという。

寛延元（1748）年から翌年にかけて、年貢減免を求める一揆《いっき》、打ちこわし、強訴《ごうそ》などが各地で頻発。これに対し幕府は、寛延3（1750）年、百姓の強訴を厳しく禁じるという対応に出た。

寛延4（1751）年、前将軍の徳川吉宗《よしむね》が死去。財政難を解消したことから吉宗は江戸幕府中興《ちゅうこう》の祖とも呼ばれるが、その治世下で農民の生活は苦しくなり、庶民にも倹約を強要したため、この時期、文化は停滞した。

江戸時代

宝暦

【ほうれき】

期間	元年～14年 1751年12月14日～1764年6月30日
天皇	桃園天皇 後桜町天皇
出典	『貞観政要』「及恭承宝暦、寅奉帝図、垂拱無為、氛埃靖息」
勘申者	菅原為範

幕府が薩摩藩に押しつけた無理難題

地震などの天変地異が相次いだための改元とされる。それに加え、桜町上皇《さくらまちじょうこう》の崩御《ほうぎょ》と前将軍の徳川吉宗《とくがわよしむね》の死去なども改元の理由として挙げられている。

依然、日本各地で一揆《いっき》が頻発しており、宝暦3（1753）年には宇都宮《うつのみや》藩で「籾摺《もみすり》騒動」が、宝暦4（1754）年には郡上《ぐじょう》藩でも「郡上一揆」が勃発《ぼっぱつ》した。これらの一揆に対して幕府や諸藩は厳しい処分を下した。

ところで、江戸幕府にとって大きな課題であり続けたのが外様《とざま》大名の扱いだ。外様大名の力を削ぐ方策として、参勤交代制度などの他に、ときに大規模工事を押しつけることなどもあった。その一例が、宝暦4（1754）

年に薩摩《さつま》藩に命じた、木曽川、長良川、揖斐《いび》川の治水事業だ。

これは、薩摩藩が資金から人足《にんそく》、資材までを手配するという負担の重いもので、この明らかな嫌がらせに薩摩藩は幕府との戦争も考えたといわれる。だが、結局、普請《ふしん》を引き受けることとなった。ところが、幕府の役人が堤を決壊させるなどの妨害工作をしたため、薩摩藩士の抗議の自害が相次ぎ、結果として51人が犠牲となった。また、悪環境のなか赤痢《せきり》が発生し、33人が病死。2年後に工事は完成したが、薩摩藩の犠牲は大きく、この一件を「**宝暦治水事件**」という。

宝暦5（1755）年には、新しい暦である「宝暦甲戌元暦《こうじゅつげんれき》（宝暦暦）」が発布される。しかし、この暦は日食の予測を外すなど、非常に欠陥の多いものであった。

その他、宝暦年間に起きた出来事としては、宝暦8（1758）年に「**宝暦事件**」が起きている。これは、神道《しんとう》家で尊王主義者だった竹内敬持《たけのうちたかもち》（式部）が天皇中心主義を唱えたため、摂家《せっけ》の一条道香《いちじょうみちか》に京都から追放されたというものだ。江戸時代において尊王論者が弾圧された、初めての事件ともいえる。

宝暦10（1760）年、江戸幕府9代将軍徳川家重は、長男の徳川家治《いえはる》に将軍職を譲り、隠居。その翌年に家重は死去したが、遺言のなかで家治に、田沼意次《たぬまおきつぐ》を重《ちょう》用《よう》するよう言い残した。

明和【めいわ】

江戸時代

期間	元年〜9年 1764年6月30日〜 1772年12月10日
天皇	後桜町天皇 後桃園天皇
出典	『書経』「百姓昭明、協和万邦」
勘申者	菅原在家

江戸三大大火のひとつ「明和の大火」

後桜町《ごさくらまち》天皇即位による改元。「明和」のもととなった一文「百姓昭明、協和万邦」からは、のちに「昭和《しょうわ》」の元号も制定されている。

明和5（1768）年には、長岡藩の領地で酷税に対して町人たちが抵抗し、2カ月ほどの町人自治を勝ち取った「新潟明和騒動」が起きた。明和8（1771）年には、八重山列島近海を震源地とする地震が発生。巨大な津波が石垣島などを襲い、甚大な被害を出した。これを「明和の大津波」という。

そして、明和9（1772）年には、江戸三大大火のひとつ「明和の大火（目黒行人坂《ぎょうにんざか》大火）」が発生。死者数は約1万4700人となり、とくに日本橋地区は灰燼《かいじん》に帰した。

江戸時代

安永

【あんえい】

期間	元年～10年 1772年12月10日～ 1781年4月25日
天皇	後桃園天皇 光格天皇
出典	『文選』「其内則含徳、章壱、天禄、宣明、温飾、迎春、寿安、永寧」 『唐紀』「可保安社稷、永奉宗祧」
勘申者	菅原為弘

「田沼時代」が始まる

明和《めいわ》9（1772）年に起きた「明和の大火」のあとも風水害が相次ぎ、この年は「迷惑年（めいわくねん）」と不評を買った。そのための改元とされる。

安永元（1772）年、側用人《そばようにん》から老中《ろうじゅう》に出世した田沼意次《たぬまおきつぐ》は、次第に幕政の実権を握るようになり、以後、十数年間を「田沼時代」ともいう。意次は幕府の財政を再建するために、様々な規制を緩和し、商人の経済活動を活発化させることに尽力。また、蘭学を手厚く保護し、貿易、産業の発展に力を入れた。

このような、進取の気風のなか、安永3（1774）年、杉田玄白《すぎたげんぱく》らによって『解体《かいたい》新書《しんしょ》』が刊行される。

江戸時代

天明

【てんめい】

期間	元年～9年 1781年4月25日～ 1789年2月19日
天皇	光格天皇
出典	『書経』「顧諟天之明命」 『左伝』「則天之明、因地之利。以訓天下」
勘申者	菅原為俊

老中・松平定信の「寛政の改革」

光格《こうかく》天皇の即位による改元。「顧諟天之明命」と「則天之明」という「天明」のもととなった一文の意味は、前者は「天の明命《めいめい》を顧《かえり》みる」、後者は「天の明に則《のっと》る」というものだ。どちらも、天意に従うということだろう。

しかし、天明年間の天意は厳しいものであった。天明２（１７８２）年から、悪天候や冷害が原因となり東北地方を中心に飢饉《ききん》が発生する。江戸四大飢饉のひとつ「天明の大飢饉」だ。さらに翌年、浅間山《あさまやま》が「天明噴火」と呼ばれる大噴火を起こし、各地に火山灰が降下。日照も遮られたことで不作が続き、飢饉に追い打ちをかけた。

その結果、飢饉は長引き、天明８（１７８８）

年ごろまで続くこととなる。これにより、弘前《ひろさき》藩などは人口が半減。一説には、「天明の大飢饉」により100万人近くが死亡したという。

いっぽうそのころ江戸では、老中《ろうじゅう》田沼意次《たぬまおきつぐ》の政治が続いており、天明元（1781）年には印旛沼《いんばぬま》の開拓が、天明5（1785）年には蝦夷《えぞ》地の探検が意次の命《めい》により進められた。だが、天明6（1786）年に江戸幕府10代将軍徳川家治《とくがわいえはる》が死去すると、後ろ盾を失った意次も失脚してしまう。

11代将軍となったのは、御三卿《ごさんきょう》一橋《ひとつばし》家の出身で、家治の養子となっていた徳川家斉《いえなり》だ。そして、それと同時に白河藩主であり、8代将軍徳川吉宗《よしむね》の孫にあたる松《まつ》平定信《だいらさだのぶ》が老中となって、幕政を差配することとなった。

定信は、意次の政策をことごとく否定。とくに、意次のめざした自由な経済活動による発展ではなく、江戸幕府創立時の年貢による収入を中心とした姿に戻すことに力を入れた。この定信の幕政改革は江戸三大改革のひとつに数えられており、次の元号である寛政《かんせい》年間にもまたがっているため、「寛政の改革」と呼ばれている。

天明8（1788）年には、京都で「天明の大火」と呼ばれる大規模火災が発生。御所《ごしょ》や二条《にじょう》城をはじめとする京都市街の8割近くが焼け落ちた。その被害規模は、「応仁《おうにん》の乱」のときよりも大きかったという。

江戸時代

寛政

【かんせい】

期間	元年～13年 1789年2月19日～ 1801年3月19日
天皇	光格天皇
出典	『左伝』「施之以寛、寛以済猛、猛以済寛、政是以和」
勘申者	菅原胤長

幕府と朝廷が衝突した「尊号一件」

明確な改元理由は伝えられていないが、前年の「天明《てんめい》の大火」のためともいわれる。

寛政元（1789）年に、その京都を舞台に、「尊号一件《そんごういっけん》」が勃発《ぼっぱつ》。これは、光格《こうかく》天皇が実父の閑院宮典仁親王《かんいんのみやすけひとしんのう》に太上《だいじょう》天皇の尊号を贈ろうとしたところ、老中《ろうじゅう》松平定信《まつだいらさだのぶ》を中心とした幕府の反対にあい、朝廷と幕府のあいだに軋轢《あつれき》が生まれたという事件だ。

定信による「寛政の改革」は続行しており、寛政2（1790）年には、朱子学《しゅしがく》を幕府の公式な学問と定め、その他学問を冷遇。これを、「寛政異学の禁」という。だが、定信の厳格な政治姿勢は、次第に周囲に疎《うと》まれだし、寛政5（1793）年に失脚する。

江戸時代

享和

【きょうわ】

期間	元年〜4年 1801年3月19日〜 1804年3月22日
天皇	光格天皇
出典	『文選』「順乎天而享其運、応乎人而和其義」
勘申者	菅原在熙

伊能忠敬の日本地図

「辛酉《しんゆう》革命」による改元。ロシアに対して危機意識を持っていた幕府は、享和2（1802）年に東蝦夷《えぞ》地を直轄地とし、蝦夷奉行《ぶぎょう》（のちの箱館《はこだて》奉行）を設置。それと同時に、現地のアイヌ民族に対して厳しい同化政策を採った。

享和元年（1801）年には、商人であり測量家でもあった伊能忠敬《いのうただたか》が、伊豆《いず》から本州太平洋側の沿岸の測量を開始。翌年には本州日本海岸側の測量を行っている。

これは国防上の観点から幕府が命じたもので、詳細な日本地図である「大日本沿海輿地《よち》全図」が完成するのは20年後の文政《ぶんせい》4（1821）年のことだった。

江戸時代

文化

【ぶんか】

期間	元年〜15年 1804年3月22日〜 1818年5月26日
天皇	光格天皇 仁孝天皇
出典	『易経』「観于天文、以察時変、観乎人文、以化成天下」 『後漢書』「宣文教以章其化、立武備以乗其威」
勘申者	菅原為徳

ロシア船とイギリス船が長崎に来る

「甲子革令《かっし》」による改元。文化元（1804）年、長崎にロシアの使節レザノフが通商を求めて来航。幕府がこれを追い払ったため、ロシア船は報復として樺太《からふと》や択捉島《えとろふ》を攻撃した。さらに、文化5（1808）年には、今度はイギリスの軍艦フェートン号が突如、長崎港に侵入した。

文化3（1806）年には、江戸三大大火のひとつ「**文化の大火**」が発生。この火事による焼失家屋は12万戸を超えたという。

このように世情は騒然としていたが、文化年間と次の文政《ぶんせい》年間を通して、江戸を中心に町人文化が花開いた。これを両年号から1文字ずつ取り、「**化政《かせい》文化**」という。

江戸時代

文政

【ぶんせい】

期間	元年〜13年 1818年5月26日〜 1831年1月23日
天皇	仁孝天皇
出典	『書経』「舜察天文斉七政」 『漢書』「選豪俊、講文学、稽参政事、祈進民心」
勘申者	菅原長親

外国船は見つけ次第に砲撃せよ

明確な改元理由は明らかではない。一説には仁孝《にんこう》天皇即位のためともいわれている。「文政」の出典のうち「舜察天文、斉七政」は、戦国・安土桃山時代の元号「天文《てんぶん》」と同じだ。

前の文化《ぶんか》年間のころから外国船がたびたび来航するようになったため、幕府は文政8年（1825）年「外国船は見つけ次第、砲撃して追い返す」という異国船打払令《うちはらいれい》を発布。これは、「文政の打払令」とも呼ばれている。

文政6（1823）年には、ドイツ人医師のシーボルトがオランダ商館員として来日。だが、シーボルトは文政11（1828）年、国外に「大日本沿海輿地全図」を持ち出そうとしたことが発覚したため、国外追放された。

江戸時代

天保

【てんぽう】

期間	元年〜15年 1831年1月23日〜 1845年1月9日
天皇	仁孝天皇
出典	『書経』「欽崇天道、永保天命」 『孟子』「楽天者、保天下、畏天者、保其国」
勘申者	菅原為顕

「天保飢饉」と「天保の改革」

文政《ぶんせい》13（1830）年に起きた「文政京都地震」のための改元とされる。これより前の、寛政《かんせい》年間から文化《ぶんか》・文政年間にかけては天候が安定しており、農業生産も比較的順調であった。だが、天保4（1833）年ごろから洪水や冷害が続き、凶作となった。これにより引き起こされたのが、江戸四大飢饉《ききん》のひとつ「天保の大飢饉」である。各地で餓死者が多数発生し、米価も高騰。各地で百姓一揆《いっき》や打ちこわしが頻発した。

天保7（1836）年には、幕府直轄領である甲斐《かい》国（現在の山梨県）で大規模一揆である「天保騒動」が勃発《ぼっぱつ》。また、大坂でも餓死者が続出したため、翌年、大坂町奉行所の元与力《よりき》である大塩平八郎《おおしおへいはちろう》が、貧民救済を掲げて決起した。これを「大塩平八郎の乱」という。この決起は半日で幕府に鎮圧され、平八郎は自害に追い込まれたが、国学者の生田万《いくたよろず》が大塩門弟を名乗って越後《えちご》(現在の新潟県)柏崎で「生田万の乱」を起こしたり、その影響は全国に広がっていった。

同年、江戸幕府11代将軍徳川家斉《いえなり》が次男の徳川家慶《いえよし》に将軍職を委譲。この年には、来航したアメリカの商船に、「異国船打払令《うちはらいれい》」にもとづいて砲撃した「モリソン号事件」も発生している。これはのちに商船が日本人漂流民を送りとどけに来たことが判明し、「異国船打払令」への批判が沸きおこった。

とくに、蘭学者の高野長英《たかのちょうえい》や、田原藩家老で思想家でもあった渡辺崋山《わたなべかざん》は鎖国《さこく》政策を取り続ける幕府を糾弾。これに対して幕府は、彼らをはじめとする開国論者や蘭学者たちを弾圧し、厳しい処罰を与えた。これを、「蛮社《ばんしゃ》の獄」という。

もちろん幕府も、内憂外患《ないゆうがいかん》の状況にただ手をこまねいていたわけではなく、老《ろう》中の水野忠邦《みずのただくに》を中心に、幕政改革を進めようとした。江戸三大改革のひとつ、「天保の改革」である。この改革では、将軍、大奥から庶民に至るまで贅沢を徹底的に禁じることで財政を引き締め、江戸に流入した貧民を故郷に返す「人返し令」により農村を復興させようとしたが、それらの政策のほとんどは効果を発揮しなかった。

江戸時代

弘化
【こうか】

期間	元年～5年 1845年1月9日～1848年4月1日
天皇	仁孝天皇 孝明天皇
出典	『書経』「弐公弘化、寅亮天地」
勘申者	菅原為定

老中・水野忠邦の失脚

天保15（1844）年に江戸城本丸が火災のために焼失したことによる改元。

「天保《てんぽう》の改革」を推《お》し進めた老中《ろうじゅう》水野忠邦《みずのただくに》だったが、効果が薄かったうえに、あまりに性急だったため、幕府内部からも庶民からも反発を受け、弘化2（1845）年、老中を辞職した。

依然、外国船はひっきりなしに来航してきており、オランダ国王も幕府に親書を送って開国を勧告したが、幕府はこれを拒絶した。

弘化3（1846）年には、浦賀にアメリカ東インド艦隊司令官のビットルが来航して、通商を要求。だが、幕府はこれも頑《かたく》なに拒否し、退去を命じている。

江戸時代

嘉永

【かえい】

期間	元年～7年 1848年4月1日～ 1855年1月15日
天皇	孝明天皇
出典	『宋書』「思皇享多祐、嘉楽永無央」
勘申者	菅原以長

太平の眠りを覚ます「黒船来航」

改元理由は明らかになっていないが、孝明《こうめい》天皇即位による改元ともいわれている。嘉永6（1853）年、アメリカ東インド艦隊司令長官のペリーが浦賀沖に来航。武力攻撃も辞さない強硬な態度で、幕府に開国を迫った。いわゆる「黒船来航」である。幕府は回答を1年後に先延ばしすることで、ひとまずペリーに帰国してもらった。

この間に、江戸幕府12代将軍徳川家慶《とくがわいえよし》が死去。跡を継いだのは家慶の四男徳川家定《いえさだ》だった。

翌年、約束通りペリーが再び来航すると、もはや先延ばしはできず、幕府は日米和親条約を締結。鎖国《さこく》政策は、ついに崩れた。

江戸時代

安政

【あんせい】

期間	元年～7年 1855年1月15日～ 1860年4月8日
天皇	孝明天皇
出典	『群書治要』「庶民安政、然後君子安位矣」
勘申者	菅原聡長

開国問題と将軍後継者問題

改元理由は、嘉永《かえい》年間の最後の年に各地で地震が頻発し、さらに京都では大火事があり、皇居が焼失したことによる。また、「黒船来航」も改元の理由とされる。幕府や朝廷にとっては、ペリーの開国要求は地震や火事と同じような災害と感じられたのだろう。

「安政」のもととなった一文「庶民安政、然後君子安位矣」は、「庶民が生きやすい世の中ならば、治めている君子も安らかである」といった意味だ。しかし、安政年間は、庶民はともかく、治世者にとっては心休まる暇のない時代となった。

ペリー来航直後に、ロシアの使節プチャーチンも長崎に来航し、開国と日露国境の画定を要求。当初は幕府もはぐらかそうとしていたが、アメリカと日米和親条約を結んだあとでは拒否できず、安政元（1854）年、ロシアとも日露和親条約を締結することとなった。さらに、安政5（1858）年には、アメリカと日米修好通商条約を締結。続いて、オランダ、ロシア、イギリス、フランスとも同様の条約を締結した。これを**「安政の五カ国条約」**という。こうして、鎖国《さこく》制度は完全に終わる。

この条約交渉を主導したのが、大老《たいろう》の井伊直弼《いいなおすけ》だ。しかし、関税決定権が日本になく、治外法権を認めるといった極めて不平等な条約であり、さらに天皇の勅許《ちょっきょ》（許可）が得られないまま締結したため、井伊に不満を覚える者も多かった。また、このころ江戸幕府13代将軍徳川家定《とくがわいえさだ》の跡継ぎ問題も持ち上がっていた。

紀州藩主の徳川家茂《いえもち》と一橋《ひとつばし》家の一橋慶喜《よしのぶ》（徳川慶喜）が候補に挙がり、両派は激しく争ったが、こちらの問題に関しても井伊が強引に家茂を後継者に決めてしまう。

当然、井伊への反感は高まったが、条約締結に反対する尊皇攘夷の活動家や公家《くげ》、一橋派の大名などを井伊は厳しく弾圧した。いわゆる、**「安政の大獄」**である。このとき、長州《ちょうしゅう》藩家臣の吉田松陰《よしだしょういん》なども処刑されている。

だが、その井伊も安政7（1860）年、水戸藩の脱藩者17人と薩摩《さつま》藩士1人に襲撃され、暗殺されてしまう。これを、「桜田門外《さくらだもんがい》の変」という。

江戸時代

万延

【まんえん】

期間	元年〜2年 1860年4月8日〜 1861年3月29日
天皇	孝明天皇
出典	『後漢書』「豊千億之子孫、歴万載而永延」
勘申者	菅原為定

大量の金が海外へ流出

江戸城本丸の火災、および「桜田門外の変《さくらだもんがい》」などによる改元。翌年が「辛酉革命《しんゆう》」にあたるため、あらかじめ1年足らずしか使われないことがわかっている元号への改元は異例のことであったが、孝明《こうめい》天皇の強い意志が働いたためとされる。

「安政《あんせい》の五カ国条約」を結び、西洋列強と貿易を行うようになった日本だが、日本と外国における金銀の交換比率が大きく違ったため、大量の金貨が海外に流出する事態となった。これに対して幕府は、金貨の品質を大幅に下げる改鋳《かいちゅう》を行い、「万延小判」を発行した。

これにより、ある程度、金の流出は防げたが、物価が上昇し、庶民の生活を直撃した。

江戸時代

文久

【ぶんきゅう】

期間	元年～4年 1861年3月29日～ 1864年3月27日
天皇	孝明天皇
出典	『後漢書』「文武並用、成長久之計」
勘申者	菅原為定

胎動する薩摩藩と長州藩

「辛酉《しんゆう》革命」による改元。開国と「桜田門外《さくらだもんがい》の変」などによる幕府の権威失墜が止まらないなか、幕府と朝廷を結びつける公武合体《こうぶがったい》の立場を取っていた薩摩《さつま》藩の島津久光《しまづひさみつ》は文久2（1862）年、幕府に幕政改革を要求。幕府は、薩摩藩の意向を受け入れ、徳川慶喜《とくがわよしのぶ》を将軍後見職に置くなどした。**「文久の改革」**である。

いっぽう、急進的な尊王攘夷論を藩論としていた長州《ちょうしゅう》藩は、文久3（1863）年、下関海峡で外国船に砲撃をしかけた。この動きに対して、薩摩、会津《あいづ》両藩は公武合体派の公家《くげ》の協力を得て、京都から長州藩勢力を追放。これを、「八月十八日の政変」という。

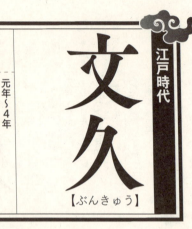

江戸時代

元治

【げんじ】

期間　元年〜2年
1864年3月27日〜
1865年5月1日

天皇　孝明天皇

出典　『易経』「乾元用九、天下治也」

勘申者　菅原為栄

「第一次長州征伐」勃発

「甲子革令《かっし》」による改元。朝廷は、もうひとつの候補「令徳」を望んでいたが、幕府の意向により「元治」となった。

元治元（1864）年、京都に潜伏していた長州《ちょうしゅう》藩などの尊王攘夷志士を新撰組《しんせんぐみ》が襲撃した「池田屋事件」が勃発《ぼっぱつ》。これを契機に、失地回復を狙っていた長州藩は京都に攻め上ったが、薩摩《さつま》藩、会津《あいづ》藩などの兵の前に敗れ去った。「禁門《きんもん》の変（蛤《はまぐり》御門《ごもん》の変）」である。

直後に、幕府は諸藩の兵を集めて「第一次長州征伐」を開始。攘夷派の一掃を図った西洋列強が下関を砲撃したこともあり（四国艦隊下関砲撃事件）、長州藩は交戦せずに幕府に恭順《きょうじゅん》した。

江戸時代

慶応

【けいおう】

期間	元年～4年 1865年5月1日～1868年10月23日
天皇	孝明天皇 明治天皇
出典	『文選』「慶雲応輝、皇階授木」
勘申者	菅原在光

「王政復古」により江戸幕府が終焉

前年の「蛤《はまぐり》御門《ごもん》の変」など、国内情勢が不安定だったための改元。江戸時代最後の改元である。このとき幕府は、改元に関して天皇の意思にすべて従うという意見書を朝廷に出しており、その意味でも江戸幕府に終わりが近づいていた。「慶応」のもととなった「慶雲応輝」とは、「めでたい兆《きざ》しの雲がこれから輝くだろう」という意味だ。

「四国艦隊下関砲撃事件」によって西洋列強の力をまざまざと知った長州《ちょうしゅう》藩は攘夷を諦《あきら》め、開国に転じた。慶応元（1865）年、朝廷も開国に転じたことで、残す問題は倒幕か佐幕かということになった。

「第一次長州征伐」の始末として、幕府は長州藩に領地の削減を命じたが、長州藩はこれを拒絶。そこで、慶応2（1866）年、幕府は「第二次長州征伐」の兵を挙げた。しかし、薩摩《さつま》藩もすでに倒幕に方針転換しており、同年、長州、薩摩両藩の軍事同盟である薩長《さっちょう》同盟が結ばれる。

それでも幕府は強硬に「第二次長州征伐」を行ったが、その最中《さなか》に14代将軍徳川《とくがわ》家茂《いえもち》が死去してしまい、戦闘を中止した。15代将軍となったのは徳川慶喜《よしのぶ》である。いっぽう、同年に孝明《こうめい》天皇も崩御《ほうぎょ》。明治《めいじ》天皇（睦仁親王《むつひとしんのう》）が跡を継いだ。

薩長両藩は武力による倒幕を決意するが、機先を制するため、慶応3（1867）年、慶喜は政権を朝廷に返還する「大政奉還《たいせいほうかん》」の上奏を行った。これにより、改めて慶喜は朝廷のもとで徳川家主導の諸藩連合政権をつくろうとしたのである。

このままでは倒幕の大義名分が失われてしまう薩長両藩は、「大政奉還」の上奏同日に、公家《くげ》の岩倉具視《いわくらともみ》らとともに朝廷内でクーデターを起こし、天皇中心の新政権樹立の宣言「王政復古《おうせいふっこ》の大号令」を発した。そして、直後の小御所《こごしょ》会議で、新政権から慶喜を排除することを決定する。

その結果、旧幕府軍と新政府軍の対立は避けられなくなり、慶応4（1868）年、「鳥羽《とば》・伏見《ふしみ》の戦い」が勃発《ぼっぱつ》。これに旧幕府軍が敗れ、慶喜は江戸に逃れたものの、ついには江戸城無血開城を余儀なくされた。こうして、江戸幕府は終焉《しゅうえん》した。

日本のもうひとつの年号「皇紀」

元号とは別に、もうひとつ日本独自の年号がある。それは「皇紀《こうき》」だ。これは、『日本書紀《にほんしょき》』に記されている初代天皇の神武《じんむ》天皇が即位した年を紀元としたもので、そのため「神武天皇即位紀元」ともいう。

神武天皇の即位を日本の歴史の始まりとする考え方は昔からあったものの、即位がいつのことであったのかははっきりとしていなかった。だが、江戸時代に天文暦学者の渋川春海《しぶかわはるみ》が計算し、即位年は西暦の紀元前660年とされ、以後これが定着。明治《めいじ》に入ってから正式に皇紀が年号として制定された。ちなみに、西暦2016（平成28）年は、皇紀2676年である。

もっとも、歴史学的には神武天皇は神話上の人物とされており、即位年についても明確な根拠があるわけではない。それでも、戦前の日本においては元号と並び、公文書には皇紀が使用されていた。また、有名な「零式艦上戦闘機（ゼロ戦）」は、皇紀2600年（西暦1940年）に採用されたため、この名称となっている。

明治以降

明治

【めいじ】

期間	元年〜45年 1868年10月23日〜 1912年7月30日
天皇	明治天皇
出典	『易経』「聖人南面而聴天下、嚮明而治」 『孔子家語』「長聡明、治五気、設五量、撫万民、度四方」
勘申者	不明

「一世一元の制」が定められる

慶応《けいおう》4（1868）年に江戸城が無血開城し、実質的に江戸幕府が終焉《しゅうえん》したあとも、新政府軍と旧幕府勢力の戦いである「戊辰《ぼしん》戦争」は1年以上も続いた。だが、その間に、新政府は天皇親政《しんせい》や開国和親といった新たな国策の基本指針を示した「五箇条の御誓文《ごせいもん》」を公布。また、「江戸ヲ称シテ東京ト為スノ詔書」を公布して江戸を東京と改称するなど、新体制の基礎を着々と固めていった。そして、明治天皇の即位の大礼が行われた直後に、元号を「明治」と改元する。

「明治」のもととなった一文の「聖人南面而聴天下、嚮明而治」のほうは、「聖人が南を向いて政治を行えば、天下は明るい方向に向かって治まる」という意味だ。古代中国では、天子（皇帝）が南を向いて政治を司《つかさど》っていたという故事からきている。もうひとつの出典である「長聰明、治五気」のほうは、「成長してからは聰明で、万物の根本である木火土金水《もくかどごんすい》の5つの気を治めた」といった意味だ。

この「明治」への改元と同時に、「一世一元《いっせいいちげん》の詔《みことのり》」も出され、今後、天皇在位中は改元が行われないことも定められた。つまり、天皇一代につき元号もひとつという、現代の私たちに馴染《なじ》み深い改元の形が、このとき決まったのである。

ちなみに、「明治」への改元が行われたのは旧暦の慶応4年9月8日、西暦（グレゴリオ暦）でいえば1868年10月23日のことであったが、改元の際、法的には慶応4年1月1日（1868年1月25日）までさかのぼって「明治」とすることも定められた。日本に西暦が導入されたのは明治6（1873）年のことで、旧暦の明治5年12月2日の翌日を、明治6年1月1日にすることで調整している。

「日清戦争」と「日露戦争」を経て、欧米諸国と対等になる

明治2（1869）年に首都を京都から東京へ移すと、近代的中央集権国家として生まれ変わるため、新政府は様々な改革を行った。明治4（1871）年には、

これまでの藩を廃止して府県とし、政府が派遣する府知事・県令が地方行政を司る「廃藩置県《はいはんちけん》」を断行。また、藩主や公家《くげ》を華族、藩士や旧幕臣を士族、農民や町人を平民とした新たな族籍に基づく全国統一的な戸籍編成も行われ、そのうえで身分制度も撤廃されて、建前上は「四民《しみん》平等」ということになった。

明治6（1873）年には「学制」を定め、地租改正も実施。さらに同年、徴兵制を実施して国民皆兵《かいへい》とし、産業の育成にも力を入れるなど、「富国強兵」政策が推《お》し進められていく。これらの改革を総称して「**明治維新**」ともいう。新政府のなかで中心になって改革を行ったのは、倒幕に功のあった薩摩《さつま》、長州《ちょうしゅう》、土佐《とさ》、肥前《ひぜん》藩の面々であった。そのため、明治初期の政権は「藩閥《はんばつ》政府」とも呼ばれている。

もっとも、「藩閥政府」も一枚岩ではなかった。鎖国《さこく》政策を採っていた朝鮮を武力で開国させるべきという征韓論《せいかんろん》を唱えていた西郷隆盛《さいごうたかもり》や板垣退助《いたがきたいすけ》らは、自分たちの主張が却下されると、一斉に政権から離脱。これを「**明治六年の政変**」という。

その後、西郷は、「廃藩置県」によって生活の糧《かて》を失い、新政府に不満を抱いていた士族たちに担ぎ出され、明治10（1877）年に士族の反乱である「西南《せいなん》戦争」を起こす。この鎮圧に政府は半年ほどかかったが、以後、国内情勢は安定した。

やがて、明治22（1889）年に、日本で初めての近代的憲法である大日本帝国憲法が公布される。この憲法は、明治憲法ともいう。こうして、新政府の発足から20年ほどで、近代国家としての形が、ほぼ整うこととなった。

ところで、明治政府の悲願となっていたのが、幕末に欧米諸国と結ばれた不平等条約の改正であった。なかでも、治外法権の撤廃と関税自主権の回復は、国家の独立性にとって重要な課題となっていた。だが、欧米諸国は改正に後ろ向きの態度を取り続けていた。

しかし、ロシアの東アジア進出を警戒していたイギリスは次第に日本に友好的になり、明治27（1894）年、日本政府は、治外法権の撤廃と税権の一部回復を含んだ日英通商航海条約の締結に成功する。その条約締結直後に朝鮮の利権をめぐって清《しん》国との間に「日清戦争」が勃発《ぼっぱつ》し、これに日本が勝利。さらに、明治37（1904）年、今度はロシアと朝鮮半島の権益をめぐって「日露戦争」が勃発。これにも日本が勝利すると、清、ロシアという大国を破った日本への欧米諸国の態度が変わり、明治44（1911）年、ついに、すべての不平等条約の改正が達成された。

こうして、幕末の開国から約半世紀をかけて、日本は欧米諸国と条約上は対等の地位を得ることとなったのである。その翌年の明治45（1912）年、明治天皇が崩御《ほうぎょ》し、明治時代が終わる。

明治以降

大正

【たいしょう】

期間	元年〜15年 1912年7月30日〜 1926年12月25日
天皇	大正天皇
出典	『易経』「大亨以正、天之道也」
勘申者	不明

大正デモクラシーと関東大震災

大正天皇の即位による改元。明治《めいじ》以降、元号を勘案して上申する勘申者《かんじんしゃ》は公表されないこととなった。そのため、「大正」の勘申者も公式には不明となっている。ただ、内務省官僚で漢詩人でもあった国府種徳《こくぶたねのり》が考案したものだろうというのが定説だ。

大正3（1914）年に第一次世界大戦が勃発《ぼっぱつ》すると、イギリスと日英同盟を結んでいた日本はドイツに宣戦布告し、これに参加。戦勝国となったことで、中国におけるドイツの拠点であった青島《ちんたお》と山東省《さんとう》の権益を手に入れ、ドイツ領南洋諸島の一部も占領した。

この第一次世界大戦の軍需景気によって日本は空前の好景気となり、日露戦争以降の不況と財政難が解消された。また、このころ世界的に民主主義の風潮が高揚し、日本でも大正5（1916）年に政治学者の吉野作造《よしのさくぞう》が「民本主義《みんぽん》」を提唱。国民からも、労働者の地位向上や、納税額で制限されない普通選挙制の実施など、民主主義社会の実現を望む声が大きくなっていった。これを「大正デモクラシー」という。

しかし、大正7（1918）年ごろから、好景気による過剰生産の反動で次第に不況になっていき、米価も高騰。全国で70万人以上が参加した大騒擾《そうじょう》である「米騒動」が発生している。さらに、大正12（1923）年、10万人以上の死者を出した日本災害史上最大規模である「関東大震災」が発生。京浜工業地帯は壊滅的な被害を受け、また震災手形が不良債権化したこともあり、日本経済は恐慌へと滑り落ちていく。

ところで、「大正」のもととなった「大亨以正、天之道也」とは、「天が民の言葉を褒《ほ》めて聞き入れ、政《まつりごと》が正しく行われる」という意味だ。ただ、大正天皇は健康上の問題から政務を行うことが難しく、大正10（1921）年から皇太子・裕仁親《ひろひとしん》王《のう》（のちの昭和《しょうわ》天皇）が摂政《せっしょう》に就任し、政務を補佐することとなった。そして、治安維持法と普通選挙法が実施された翌年の大正15（1926）年、大正天皇は崩御《ほうぎょ》した。

昭和

【しょうわ】

期間	元年～64年 1926年12月25日～ 1989年1月7日
天皇	昭和天皇
出典	『書経』「百姓昭明、協和萬邦」
勘申者	吉田増蔵

世紀の誤報「光文事件」

大正天皇《たいしょう》が大正15（1926）年12月25日に崩御《ほうぎょ》すると、同日、皇太子だった裕仁親王《ひろひとしんのう》（昭和天皇）が即位。これに伴《ともな》い、改元の詔書が公布され、元号が昭和に改元された。

「昭和」という言葉は、『書経《しょきょう》』の「百姓昭明、協和萬邦」という一文から採られている。意味は、「国民の平和と世界各国の共存繁栄を願う」というものだ。考案者は漢学者の吉田増蔵《ますぞう》で、吉田は今上《きんじょう》天皇の御名である明仁《あきひと》親王など皇族の名前を多く考案したことや、勅語の作成に関わったことでも知られている。

新しい元号が昭和と決まるまで、宮内《くない》庁のなかでは、他の候補として、「神化」「元化」「同和」「継明」「順明」「明保」「寛安」「元安」

が挙げられていた。また、それとは別に内閣は、「立成」「定業」「光文」「章明」「協中」を候補として挙げていた。その後、数回の話し合いののち、新元号は「昭和」に決定される。他の候補で最後まで残っていたのは、「元化」と「同和」であった。

ところで、この昭和という新元号をめぐっては、世紀の誤報事件が起きている。それは「光文《こうぶん》事件」と呼ばれるものだ。

大正天皇が25日の深夜に崩御すると、東京日日新聞（現在の毎日新聞）は、同日午前4時に発行した号外および朝刊最終版において「新しい元号が光文に決定された」と報道。だが、午前11時に宮内庁が「昭和」と発表したため、これは誤報となってしまう。この責任を取り、編集主幹は辞任している。

どうしてこのような誤報が生じたかについては諸説あり、真相は現在も不明だ。ただ、新聞社にとっては致命的な失点であり、同社は長年、名誉挽回の機会を伺い続けていたという。そして、後身の毎日新聞は、昭和の次の元号が「平成」に決定した際、他社に先駆けてスクープに成功し、見事、念願を果たした。

◈世界中で、もっとも長い期間使われた元号

「国民の平和と世界各国の共存繁栄を願う」という意味を込めてスタートした昭和

だったが、その前期は名前とは裏腹に暗く苦難に満ちた時代となった。

昭和2（1927）年には、大正末に起きた関東大震災の手形の焦げつきがきっかけとなり、昭和金融恐慌《きょうこう》が発生。昭和5（1930）年には、前年に起きた世界恐慌の影響から、日本でも昭和恐慌が発生した。さらに、同時期に東北地方が大凶作に見舞われ、これらが原因となって多くの国民の生活は困窮した。

そんな国民の不満を背景に軍部が台頭するようになり、中国大陸侵攻による事態の打開が図られるようになった。昭和6（1931）年の満州事変を皮切りに、昭和12（1937）年には日中戦争へと突入。またこの間の昭和11（1936）年には、一部急進派軍人によるクーデター未遂事件「二・二六事件」も起きている。

やがて、昭和14（1939）年に第二次世界大戦が勃発《ぼっぱつ》すると、日本はドイツ、イタリアと同盟を結び、これに参戦。アメリカをはじめとする連合国軍と戦ったが、昭和20（1945）年に広島と長崎に原爆を落とされたのち、全面降伏した。第二次世界大戦における日本人の死者数は、300万人を超えるとされる。

敗戦後の日本は、アメリカを中心とした連合国軍最高司令官総司令部（GHQ）の占領下で、民主主義国家として生まれ変わることとなった。それにともない、天皇制および元号の廃止も議論されたが、天皇制は存続することとなる。ただ、元号に関しては、法的根拠であった旧皇室典範が廃止されたため、戦後長らく慣習としてのみ使用される期間が続いた。昭和54（1979）年に元号法が制定され、これにより改めて「昭和」は法的根拠を持つ、公式な元号となった。

さて、戦火により日本の国土は荒廃していたが、昭和25（1950）年に勃発した朝鮮戦争の特需を契機に、日本経済は奇跡的な回復を果たす。とくに、昭和30年代から40年代にかけての急激な経済発展は高度成長と呼ばれ、世界中から驚きの目で見られることとなった。経済発展にともない国民の生活は豊かになり、贅沢を楽しむ余裕も生まれるようになる。そんな状況を、太平の世に庶民文化が花開いた江戸時代の元禄《げんろく》年間になぞらえ、「昭和元禄」という言葉も生まれた。

その後、日本は2度のオイルショックを乗り越え、バブル景気へと突き進んでいくが、そのバブル景気の最中《さなか》の昭和64（1989）年1月7日に昭和天皇が崩御し、昭和は終わりを告げる。昭和の元号が使われた64年間というのは、日本の歴代元号のなかでもっとも長いものだ。世界的にみても一番長く続いた元号であり、これに次ぐのが、中国・清《しん》朝の「康熙《こうき》」の61年間である。昭和時代に「天皇誕生日」だった4月29日は現在、「昭和の日」として国民の祝日に制定されている。

明治以降

平成【へいせい】

期間	元年～ 1989年1月8日～
天皇	今上天皇
出典	『史記』「内平外成」『書経』「地平天成」
勘申者	不明

◈「失われた20年」と国際環境の変化

昭《しょう》和《わ》天皇が崩御《ほうぎょ》し、皇太子・明仁親王《あきひとしんのう》(今上《きんじょう》天皇)が即位したことによる改元。平成のもととなった一文は、どちらも「内外、天地とも平和が達成される」という意味だ。他の候補には「修文」「正化」も挙がっていたが、ローマ字表記の頭文字が「昭和」と同じSになってしまうことが問題視され、「平成」に決まったともいわれる。

「平成」の考案者については諸説あるが、東洋史学者の山本達郎によるものという見方が有力。それ以外では、陽明《ようめい》学者の安岡正篤《まさひろ》という説もある。ちなみに、日本の元号で「成」の字が使われるのは、これが初めてのことであった。

平成が始まったころ、日本はまだバブル景気の最中《さなか》にあった。だが、平成3（1991）年にバブル経済が破綻《はたん》し、以後、「失われた10年」とも「失われた20年」ともいわれる、長い不況に突入していく。

平成5（1993）年には、戦後長らく続いた自由民主党政権が選挙で過半数を割り、野党連立の細川《ほそかわ》内閣が成立したことで、いわゆる「55年体制」が終焉《しゅうえん》。平成7（1995）年には、「阪神《はんしん》・淡路《あわじ》大震災」と、オウム真理教による「地下鉄サリン事件」が発生した。そして、平成23（2011）年に「東日本大震災」および「福島第一原子力発電所事故」が発生。現在も、その傷は癒《い》えてはいない。

いっぽう国際環境に目を移すと、日本でバブルが崩壊したのと同じ年に共産主義国家のソビエト連邦が崩壊。冷戦構造が終わり、国際秩序は混沌《こんとん》としていく。その影響もあり、平成13（2001）年の「アメリカ同時多発テロ事件」に代表されるテロが世界各地で発生することとなった。また、経済成長を背景に中国の影響力が増大。中国は、平成22（2010）年にGDP（国内総生産）が日本を抜き、世界第2位の経済大国となり、軍事力の増強によって周辺諸国との緊張も高まった。

こうして、国内外の不安定さが増すなか、民主党政権時代を経て、平成24（2012）年に自由民主党が政権与党に復帰。現在に至っている。

おわりに

日本人の歴史、文化、暮らしと切り離せない「元号」

文責▼奈落一騎（グループＳＫＩＴ）

現在、日常生活のなかで、西暦よりも元号をメインに使っている人の割合はどれくらいなのだろうか？　昭和《しょうわ》天皇が高齢となり、次の元号が現実的な問題として浮上していた昭和52（1977）年に政府が行った調査によれば、「主に、昭和とか大正というような年号を使っていますか、それとも西暦を使っていますか」という問いに対して、88・6パーセントもの人が「元号（年号）」と答えている。

しかし現在、この割合はかなり減っているものと思われる。新聞、テレビ、雑誌などのマスメディアでは西暦のほうが優先して使われることが多くなっているし、インターネットの世界では、ことにその傾向が強い。これらの変化は、元号よりも西暦のほうがコンピューター上で処理しやすいということも一因になっている。

そんないまでも、役所に提出する申請書や免許証といった公的書類では、元号が使用されるのが基本だ。これは、元号に関しては昭和54（1979）年に制定された元号法という法的根拠があるが、西暦に関しては規定がないためである。日常生活のなかでは西暦のほうをよく使い、目にしているのに、公的な場所では元号を求められることに対しては、「不便だ」という声も近年しばしば耳にする。

実際、合理的か不合理かといえば、元号には不合理な面も多い。たとえば、元号にはつねに改元の可能性があるため、ある程度先の未来の話をするときには西暦を使わざるを得ない。また、西暦ならば過去に起こった複数の出来事も一目見て、どちらがどのくらい古いかわかるが、寛弘《かんこう》年間と寛延《かんえん》年間の出来事の、どちらがどのくらい古いかがすぐにわかる人は少ないはずだ。

だが、それでも日本で元号が使われなくなることは当面ないだろう。何故《なぜ》なら、「はじめに」でも触れたように、日本の歴史上の大きな出来事の名称には元号が頭につけられていることが多いし、「天平《てんぴょう》文化」や「化政《かせい》文化」「大正デモクラシー」「昭和元禄《げんろく》」など、元号にはその時代の社会の空気と結びついているものも多いからだ。元号とは、日本人の歴史、文化、暮らしに深く根づいたものなのである。いつしか「平成《へいせい》」と聞いたときに、人々は懐かしさとともに、ひとつの時代を思い浮かべる日も来るにちがいない。

編著者紹介 **グループSKIT**（ぐるーぷ　すきっと）
各社の文庫・新書など多数に参加経験を持つ執筆陣が結集したプロ・ライター集団。また、フリーランスのエディター、デザイナー、イラストレーターなどをつなぐコア・ユニットとして、書籍の企画・執筆・制作に携わる。主な編著書に『日本人を震撼させた 未解決事件71』『これは使える！「○○（マルマル）の単位」事典』『そこが知りたかった！「右翼」と「左翼」の謎』（以上、PHP文庫）、『「仏」と「鬼」の謎を楽しむ本』『「神主《かんぬし》さん」と「お坊《ぼう》さん」の秘密を楽しむ本』『危ない火山がこんなにいっぱい「大噴火の恐怖」がよくわかる本』（以上、PHP研究所）、『中国vs朝鮮半島　憎悪と対立の歴史』（宝島社）等がある。

編集：グループSKIT（芦田隆介）
執筆：奈落一騎・佐藤賢二・菊池昌彦
本文デザイン：井上祥邦
DTP：プラスアルファ
装丁：井上新八
装画：高旗将雄

■主な参考文献

『新版　元号事典』川口謙二、池田政弘・著　東京美術／『詳説　日本史B』笹山晴生、佐藤信、五味文彦、高埜利彦・著　山川出版社／『日本史B用語集』全国歴史教育研究協議会・編　山川出版社／『新詳　日本史』浜島書店／『日本伝奇伝説大事典』乾克己、志村有弘、鳥越文蔵、小池正胤、高橋貢・編　角川書店／『30の戦いからよむ日本史』〈上、下〉（造事務所・編著、小和田哲男・監修　日経ビジネス人文庫／『四文字でわかる日本史』造事務所・編著、石川晶康・監修　角川ソフィア文庫／『日本の元号』歴史と元号研究会・著　新人物往来社／『吾妻鏡1〜5』竜粛・著　岩波書店／『室町時代』脇田晴子・著　中央公論社／『これならわかる!　ナビゲーター日本史B 1、2』會田康範・著　山川出版社／『もういちど読む山川日本史』五味文彦、鳥海靖・編　山川出版社

本書は、書き下ろし作品です。

PHP文庫　元号《げんごう》でたどる日本史

2016年7月15日　第1版第1刷
2019年5月10日　第1版第8刷

編著者　グループSKIT
発行者　後藤淳一
発行所　株式会社PHP研究所
東京本部　〒135-8137　江東区豊洲5-6-52
第四制作部文庫課　☎03-3520-9617(編集)
普及部　☎03-3520-9630(販売)
京都本部　〒601-8411　京都市南区西九条北ノ内町11
PHP INTERFACE　https://www.php.co.jp/
組版　プラスアルファ
印刷所
製本所　図書印刷株式会社

ISBN978-4-569-76581-5